浙江省普通高校"十三五"新形态教材

监狱物联网

孙培梁　主编

ZHEJIANG UNIVERSITY PRESS
浙江大学出版社

图书在版编目（CIP）数据

监狱物联网 / 孙培梁主编. -- 杭州：浙江大学出版社，2021.11（2025.7重印）
ISBN 978-7-308-22146-7

Ⅰ. ①监… Ⅱ. ①孙… Ⅲ. ①物联网－应用－监狱－管理－高等学校－教材 Ⅳ. ①D916.7-39

中国版本图书馆CIP数据核字(2021)第264366号

监狱物联网

孙培梁　主编

责任编辑	王元新
责任校对	阮海潮
装帧设计	周　灵
出版发行	浙江大学出版社
	（杭州市天目山路148号　　邮政编码　310007）
	（网址：http://www.zjupress.com）
排　　版	杭州林智广告有限公司
印　　刷	浙江新华数码印务有限公司
开　　本	710mm×1000mm　1/16
印　　张	13.25
字　　数	223千
版 印 次	2021年11月第1版　2025年7月第2次印刷
书　　号	ISBN 978-7-308-22146-7
定　　价	48.00元

前　言

本书是在本人首部《监狱物联网》（2012）和首部《智慧监狱》（2014）著作的基础上完成的浙江省普通高校"十三五"首批新形态教材。

出版《监狱物联网》一书是为我们团队在国内警察院校中首次开设的司法信息技术类专业核心课程"监狱物联网技术"作配套的，该课程已在 2010 级到 2019 级监狱信息、安防技术、社区矫正等专业中开设 10 年。我们从零开始制定了课程标准、内容和教材，并受司法部委托牵头起草制定了司法信息技术国控专业国家教学标准。"监狱物联网技术"已获评 2015 年司法部部级精品课程，2016 年浙江省省级精品在线开放课程，同时作为专业核心课程纳入 2016 年教育部刑事执行国家教学资源库建设。课程内容高度契合当前司法部全面推进监狱物联网和智慧监狱建设内容，课程建设成果也吸引全国多省（区、市）公安与司法警察院校专业团队前来交流。"监狱物联网技术"在浙江省高等学校在线开放课程共享平台（www.zjooc.cn）已开课 10 期次（公安与司法大类），录制微课视频 300 多个，总时长超过 30 小时。我们有幸参与了司法部全国监狱系统物联网应用示范项目、全国监狱目标跟踪与地理信息管理系统项目（SF03007-2012）、全国罪犯信息资源库项目（SF03001-2007）论证和全国监狱系统物联网应用示范工程工作方案编制工作；同时还应司法部以及北京、上海、天津、重庆、浙江、江苏、内蒙古、新疆、西藏、云南、广西、湖南、吉林、江西、安徽、陕西、四川、山东、山西、甘肃、宁夏、黑龙江、辽宁、贵州、福建、广东等 26 个省（区、市）司法厅和监狱管理局邀请开展"监狱物联网""智慧监狱"专题讲座，累计聆听民警人数超过 5 万人次，在全系统理念普及、方向把握、方案实施等方面深获好评。

本书部分内容引自相关标准规范和互联网络，已尽可能标识，特此向作者和刊发机构表示诚挚感谢。由于作者水平有限，书中存在不妥之处在所难免，恳请读者批评指正，电子邮箱为 2283515@qq.com 或 18072996098@189.cn。感谢浙江省普通高校"十三五"首批新形态教材项目（浙高教学会〔2017〕13 号）、浙江省科技厅省级科技计划项目"多源数据融合的罪犯异常行为智能检测与预警关键技术研究"（2016C33003）等的资助。特别致谢参与《监狱物联网》和《智慧监狱》撰写和视频拍摄的诸多朋友，此处不再一一列出。

最重要的是，感谢我的家人对我的默默支持和鼓励。

孙培梁

2021 年 9 月于杭州

目　录

PIECE 1

第一篇

监狱物联网概述

信息技术发生第三次革命预示物联网时代已经向我们走来，并将加速深入我们日常的学习、工作和生活，渗透到国防、经济、政治、文化和社会的各个领域。因此，我们很有必要全面认识物联网，进而树立以理解、宽容的心态去积极推进物联网建设，正确运用物联网。监狱作为在常态社会中非常特殊的区域，随着物联网技术的到来，它将会发生什么变化？变化的路径又是什么？这些疑问正是本篇要回答的问题。

第 1 章　物联网概述

本章重点

◎ 了解物联网的概念

◎ 了解物联网在人类文明发展上的方位与演进路径

◎ 理解物联网的技术架构与体系框架

1.1　物联网的概念

"物联网"一词实际是由中国人发明的，整合了美国 CPS(Cyber Physical Systems)、欧盟 IoT（Internet of Things) 和日本 U-Japan 等概念，是一个基于因特网、传统电信网等信息载体，让所有能被独立寻址的普通物理对象实现互联互通的网络。普通对象设备化、自治终端互联化和普适服务智能化是它的三个重要特征。简而言之，"物联网就是物物相连的因特网"。有两层含义：第一，物联网的核心和基础仍然是因特网，是在因特网基础上的延伸和扩展的网络；第二，其用户端延伸和扩展到了任何物品与物品之间，进行信息交换和通信。因此，物联网是通过射频识别（Radio Frequency Identification，RFID)、传感器、全球定位系统和激光条码扫描器等信息感知设备，按约定的协议把任何物品与因特网相连接，进行信息交换和通信，以实现对物品的智能化识别、定位、跟踪、监控和管理的一种网络。

物联网的"物"要入网，必须具备以下 9 个条件：

（1）要有相应信息的接收器；

（2）要有数据传输通路；

（3）要有一定的存储功能；

（4）要有 CPU ；

（5）要有操作系统；

（6）要有专门的应用程序；

（7）要有数据发送器；

（8）要遵循物联网的通信协议；

（9）要在世界网络中有可被识别的唯一编号。

物联网的核心技术是 RFID 和传感器，核心功能是识别和感知。识别和感知是物联网区别于其他网络的显著特征。RFID 技术用于标识物，给每个物品一个识别码；传感器技术用于感知物，包括实时数据采集（如温度、速度）、执行与控制（如电器开关闭合）等。在物联网发展的重要节点上，不同的专家和机构对物联网概念的表述如下。

1. 基于 RFID 的物联网，主要强调物联网对物体对象识别的特点

（1）Ashton 教授：把所有物品通过射频识别和产品电子代码（Electronic Product Code, EPC) 等信息传感设备与因特网连接起来，实现智能化识别和管理。

此概念于 1999 年由美国麻省理工学院 Auto ID 研究中心的 Ashton 教授提出，实质上是强调 RFID 技术和因特网的结合应用。当时认为 RFID 标签是物联网最为关键的技术和产品，物联网最大规模、最有前景的应用就在物品流通、仓储、销售领域。利用 RFID 技术，通过计算机和因特网实现物品（商品）的自动识别和信息的互联与共享。

（2）国际电信联盟（International Telecommunication Union, ITU）：2005 年，ITU 在 The Internet of Things 的报告中对物联网的概念进行扩展，提出任何时刻、任何地点、任何物体之间的互联，无所不在的网络和无时不在的计算的发展愿景，除 RFID 技术外，传感器技术、纳米技术和智能终端技术等将得到更加广泛的应用。

2005 年 11 月 17 日，在突尼斯举行的信息社会世界峰会（WSIS）上，ITU 发布《ITU 因特网报告 2005：物联网》，提出了"物联网"的概念。物联网的定义和范围已经发生了变化，覆盖范围有了较大的扩展，不再局限于 RFID 技术的物联网。报告认为，无所不在的"物联网"通信时代即将来临，世界上所有的物体从轮胎到牙刷、从房屋到纸巾都可以通过因特网主动进行交换。射频识别技术、传感器技术、纳米技术和智能嵌入技术将得到更加广泛的应用。根据 ITU 的描述，在物联网时代，通过在各种各样的日常用品上嵌入一种短距离的移动收发器，人类在信息与通信世界里将获得一个新的沟通维度，从任何时间、任何地点的人与人之间的沟通连接扩展到人与物和物与物之间的沟通连接。

（3）欧洲智能系统集成技术平台：由具有标识、虚拟个性的物体或对象所组成的网络，这些标识和个性信息在智能空间使用智能的接口与用户、社会和环境进行通信。

该定义出自欧洲智能系统集成技术平台（EPOSS）于 2008 年 5 月 27 日发布的题为 *Internet of Things in 2020* 的报告。该报告分析预测了未来物联网的发展，认为 RFID 和相关的识别技术是未来物联网发展的基石，因此它更加侧重于 RFID 的应用及物体的智能化。

（4）欧盟：物联网是未来因特网的组成部分，是一个动态的全球网络基础构架，它具有基于标准和互操作通信协议的自组织能力，其中物理的和虚拟的"物"具有身份标识、物理属性、虚拟的特征和智能的接口，并与信息网络无缝整合。物联网将与媒体因特网、服务因特网和企业因特网一道构成未来因特网。

此概念源自欧盟第七框架下 RFID 的物联网研究项目组于 2009 年 9 月 15 日发布的研究报告。该项目组的主要研究目的是便于欧盟内部不同 RFID 的物联网项目之间的组网，协调包括 RFID 在内的物联网研究活动和专业技术平衡，在项目之间建立协同机制，以便研究效果最大化。在北京举办的"物联网与企业环境中欧研讨会"上，欧盟委员会信息和社会媒体司 RFID 部门负责人 LorentFerderix 博士阐述了欧盟对物联网的定义。

2. 基于传感器的物联网，强调物联网感知现实物理世界的特点

（1）卡耐基梅隆大学：无线传感器网络是由若干具有无线通信能力的传感器节点自组织构成的网络。

该定义起源于 1978 年美国国防部高级研究计划局资助卡耐基梅隆大学进行分布式传感器网络的研究项目。在当时缺乏因特网技术、多种接入网络以及智能计算技术的条件下，该定义局限于由节点组成的自组织网络。

（2）ITU T：泛在传感器网络（Ubiquitous Sensor Network,USN）是由智能传感器节点组成的网络，可以以"任何地点、任何时间、任何人、任何物"的形式被部署。该技术具有巨大的潜能，可以用于广泛领域内推动新的应用和服务，从安全保卫、环境监控到推动个人生产力和增强国家竞争力。

此概念出自 2008 年 2 月 ITU T 的研究报告 *Ubiquitous Sensor Networks*。该报告提出了泛在传感器网络体系架构，架构包含底层传感器网络、接入网络、基础骨干网络、中间件和应用平台等 5 个层次。底层传感器网络由传感器、执行器和 RFID 等各种信息设备组成，负责对物理世界的感知、识别与反馈；接入网络实现底层传感器网络与上层基础骨干网络的连接，由网关、sink 节点等组成；基础骨干网络基于因特网、NGN 构建；中间件处理、存储传感数据并以服务的形式提供对各类传感数据的访问；应用平台为各类传感器网络应用提供技术支撑。

（3）传感器网络标准工作组：传感器网络以对物理世界的数据采集和信息处理为主要任务，以网络为信息传递载体，实现物与物、物与人之间的信息交互，提供信息服务的智能网络信息系统。

此概念出自我国信息技术标准化技术委员会所属传感器网络标准工作组 2009 年 9 月的文件，认为：“传感器网络综合了微型传感器、分布式信号处理、无线通信网络和嵌入式计算等多种先进信息技术，能对物理世界进行信息采集、传输和处理，并将处理结果以服务的形式发布给用户。”

（4）工业和信息化部与江苏省：物联网是以感知为目的，实现人与人、人与物、物与物全面互联的网络。其突出特征是通过各种感知方式来获取物理世界的各种信息，结合因特网、移动通信网等进行信息的传递和交互，再采用智能计算技术对信息进行分析处理，从而提升人们对物质世界的感知能力，实现智能化的决策和控制。

此概念出自工业和信息化部与江苏省联合向国务院上报的《关于支持无锡建设国家传感器创新示范区（国家传感网信息中心）情况的报告》。

（5）中国政府：物联网是通过传感设备按照约定的协议，把各种网络连接起来，进行信息交换和通信，以实现智能化识别、定位、跟踪、监控和管理的一种网络。

此概念出自 2010 年 3 月中国政府工作报告所附的注释中对于物联网的定义。

3. 将 RFID 技术和传感器技术融合，构建更广义的物联网，即泛在网，

强调物联网本身是一个全球性的基础网络构架

日本和韩国：泛在网络是指无所不在的网络。

这是提出 U 战略的日本和韩国提出的概念。无所不在的网络社会将是由智能网络、最先进的计算技术以及其他领先的数字技术基础设施武装而成的技术社会形态。根据这样的构想，U 网络将以"无所不在""无所不包""无所不能"为基本特征，帮助人类实现 4A 化通信，即在任何时间（Anytime）、任何地点（Anywhere）、任何人（Anyone）、任何物（Anything）都能顺畅地通信。

上述概念在一定程度上也表示了物联网发展的历程。物联网的内涵起源于 RFID，是由 RFID 对物品进行标识并利用网络进行数据交换这一概念得到不断扩充、延展、完善而逐步形成的。这种物联网主要由 RFID 标签、读写器、信息处理系统、编码解析与寻址系统、信息服务系统和因特网组成。通过对拥有全球唯一编码的物品的自动识别和信息共享，实现开放环境下对物品的跟踪、溯源、防伪、定位、监控和智能管理等功能。在生产和流通（供应链）领域，给每一个物品一个全球唯一的标识，实现对物品的跟踪、防伪等功能。RFID 技术是主角，同时融入传感器技术，构建带传感器的基于 RFID 的物联网。目前，基于 RFID 的物联网的典型解决方案是美国的 EPC。传感器网络的内涵起源于"由传感器组成通信网络，对所采集到的客观物体信息进行交换"这一概念。概念 2（2）提出了相对完整的体系架构，并且描述了各个层次在体系架构中的位置及功能。概念 2（3）、2（4）、2（5）尽管与概念 2（2）的文字描述不同，但内涵没有实质性的突破。概念 2（2）、2（3）、2（4）、2（5）都是将概念 2（1）所定义的"网络"作为底层的、对于客观物体信息获取交互的技术手段之一，并对其作出了更为精确的表述。由传感器、通信网络和信息处理系统为主构成的传感网具有实时数据采集、监督控制和信息共享与存储管理等功能，它使目前的网络技术的功能得到极大拓展，使通过网络实时监控各种环境、设施及内部运行机理等成为可能。

4. 物联网相关概念的辨析

目前，对于"物物互联的网络"这一概念的准确定义业界一直未达成统一的认识，存在着以下几种相关概念：物联网、无线传感器网络（Wireless Sensor Network, WSN）以及泛在网（Ubiquitous Network，U 网络）。如图 1-1 所示为物联网与传感网、因特网等概念的关系。

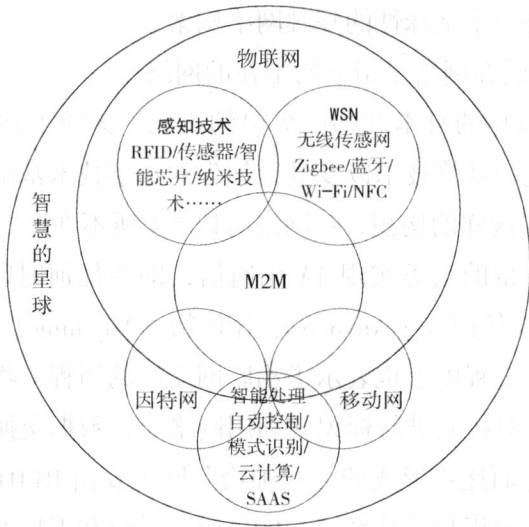

图 1-1 物联网与传感网、因特网等概念的关系

传感网又称为无线传感器网络，它是由一组传感器以自组织方式构成的无线网络，其目的是协作地感知、采集和处理网络覆盖地理区域中感知对象的信息，并传输给观察者。传感网具有感知事物及其变化的功能，其用虚拟的信息技术实时准确描述反映实体经济、社会活动的过程，卓有成效地提升了人类认识世界和处理复杂问题的能力。毫无疑问，物联网在感知、传输和计算模式等方面都具有比传感网更大的范畴，它不仅包括 RFID、二维码等标识技术，也可以使用除自组织组网之外的多种互联方式，而且还包括人与物、物与物之间感知、标识、测控的手段。

因特网是由多个网络遵循一定的通信协议互联而成的网络，现在特指由美国国防部高级研究计划署资助的 ARPANET 分组交换网演变而来的、采用 TCP/IP 协议的一种互联网络。从概念上来说，因特网主要解决人与人之间的通信，把人们的使用吸引在信息空间（CyberSpace）中，主要依赖桌面型计算获得服务和支持。物联网则主要实现人与物、物与物之间的通信。尽管物联网的基础设施与因特网部分重合，但从应用角度看，物联网大大扩展了因特网的应用领域。

泛在网的概念最早是由施乐（Xerox）公司首席科学家 Mark Weiser 于 1991 年在《21 世纪的计算》一文中提出的。泛在网是指基于个人和社会的需求，实现人与人、人与物、物与物之间按需进行的信息获取、传递、存储、认知、决策和使用等服务，网络具有超强的环境感知、内容感知及智能性，为个人和社会提供泛在的、无所不包的信息服务和应用。物联网、泛在网的概念出发点和侧重点不完全一致，但目标都是突破人与人通信的模式，建立物与物、物与人之间的通信。由于物联网着重物理世界的应用，因此是走向泛在网的关键一步。

尽管关于物联网的定义众说纷纭，但人们对物联网的物应该具备的三大特征却达成了共识，即全面感知、可靠传送、智能处理。全面感知是指利用 RFID、传感器等手段随时随地获取物体的信息；可靠传送是指通过各种电信网络与因特网的融合，将物体的信息实时准确地传递出去；智能处理则是指利用云计算、模糊识别等各种智能计算技术对海量的数据和信息进行分析和处理，对物体实施智能化的控制。物联网的网作为网的本质主要体现在三个方面：一是因特网特征，即对需要联网的物一定要能够实现互联互通的互联网络；二是识别与通信特征，即纳入物联网的"物"一定要具备自动识别与物物通信 M2M（Machine to Machine）的功能；三是智能化特征，即网络系统应具有自动化、自我反馈与智能控制的特点。总而言之，物联网是现代信息技术发展到一定阶段后出现的一种聚合性应用与技术提升，其将各种感知技术、现代网络技术和人工智能与自动化技术聚合与集成应用，使人与物智慧对话，创造一个智慧的世界。因此，物联网技术被称为信息产业的第三次革命。

1.2　物联网在人类文明发展上的方位与演进路径

从 20 世纪 40 年代开始，科学界就开始认同如下观点，即世界是由物质、能量和信息三大要素组成的，而不仅仅是由物质或者是由物质与能量两种要素组成的。可以这么说，没有物质的世界是虚无的世界，没有能量的世界是死寂的世界，没有信息的世界是混乱的世界。今天，人们已把信息看做一种重要的资源，甚至把当今时代视为信息革命的时代。因为如果没有信息和信息传递，就不会形成有组织的系统，也不会具备有序的能量转化和物质交换。

放眼人类文明史可以发现，农牧业文明以物质为基础，工业文明以能量为基础，信息文明以信息为基础，它们分别体现为物质化、能量化和信息化三次革命。经过农业文明和工业文明，人类已经能够创造出各种复杂的物理基础设施和物品，如马车、飞机和房屋等。这些物品，无论是固定的还是流动的，都有相应的信息属性，这些信息对于社会组织与个人等都有特定的价值。在信息文明以前，物质和能量与其相关信息通常处于分离状态，通过不同的渠道和方式进行传输和处理。这些物质和能量实体本身的流动构成了人们生存所处的物理世界，而相关信息的产生、记录、传输、处理与应用则常常通过人与人之间的信息交换方式处理。

在过去的信息化浪潮中，电子技术、计算机技术和通信技术获得了历史性的大发展，计算机、因特网和移动通信网等信息通信技术的不断涌现，使得对物质和能量相关信息的处理和服务达到了前所未有的水平，并彻底地改变了人类的生活和工作方式。然而，现有的信息技术基本模拟了人类之间的信息交流方式，它是通过各种 IT 基础设施，如计算机、宽带网络等实现的，对于人类生活所处的物理世界的运行方式并没有太大影响。而现在的物联网通过将各类信息感知设备嵌入物质和能量中，实时获取其状态信息，然后将这些物体传感器通过通信网络互联起来，并通过对获取的感知信息进行智能处理，实现对物质和能量的管理与控制。它能够将现有的物理基础设施和 IT 基础设施整合为统一的基础设施，从而使得人类可以更加精细和智慧地控制物理世界的运行。物联网被称为继计算机、因特网之后，世界信息产业的第三次革命，它体现了信息通信技术在人类文明中不断拓展和深化的里程。与前两次信息革命局限在自身信息世界不同，物联网强调建立依托物质与能量的信息生命形态的虚拟世界，把虚拟世界和物理世界全面连通，采用智能计算技术对信息进行分析和处理，通过对虚拟世界的管理来实现对物理世界的管理、协调和控制，从而实现人类社会与物理世界的有机结合。与传统的因特网相比，物联网有了长足进步。首先，它是各种感知技术的广泛应用。物联网通过部署海量的各种类型传感器，每个传感器都是一个信息源，不同类别的传感器所捕获的信息内容和信息格式不同。传感器获得的数据具有实时性，按一定的频率周期性地采集环境信息，不断更新数据。其次，它是一种建立在因特网上的泛在网络。物联网技术的重要基础和核心仍旧是因特网，通过各种有线网络和无线网络与因特网融合，将物质和能量的信息实时准确地传递出去。在物联网上的传感器定时采集的信息需要通过网络传输，由于其数量极其庞大，形成了海量信息。在传输过程中，为了保障数据的正确性和及时性，必须适应各种异构网络和协议。最后，物联网不仅仅提供了传感器的连接，其本身也具有智能处理的能力，能够对物质和能量实施智能控制。物联网将传感器和智能处理相结合，利用云计算、模式识别等各种智能技术扩充其应用领域。从传感器获得的海量信息中分析、加工和处理出有意义的数据，以适应不同用户的特定需求，发现新的应用领域和应用模式。

正因为物联网在人类文明发展史上占有重要地位，物联网的发展符合顺应了人类历史的发展规律，历史的机遇一再给了物联网。物联网相关的技术不是今天才有的，而是早已存在。RFID 技术起源于第二次世界大战，当时英国为了识别敌我飞机的需要，在雷达和飞机上加装了敌我识别系统，这是最初的 RFID 技术在军事上的应用。无线传感器网络的诞生则与越南战争有关。在 20 世纪 60 年代的越南战争中，美军为了切断越南胡志明小道的军事补给线，在胡志明小道上投放了数十万个具有音频和振动感知功能的无线传感器。条码技术起源于 20 世纪 40 年代，普及于 80 年代，已由一维条码向二维条码发展，成为标准的表示物品标识的计算机语言。当物联网关键技术、因特网技术、通信技术（光传输技术、卫星通信技术、无线通信技术和宽频数字技术）、纳米技术、计算技术和智能技术发展到一定高度的时候，物联网的概念呼之欲出，越来越清晰。其主要标志性历程为：

（1）1995 年，比尔·盖茨的《未来之路》出版，书中具体描述了物联网的典型生活场景，实质上表达了人们对物联网的期待。

（2）1999 年，在美国召开的移动计算和网络国际会议首先提出"物联网(Internet of Things)"这个概念，这是 1999 年 MITAuto-ID 中心的 Ashton 教授在研究 RFID 时最早提出来的。其提出了结合物品编码、RFID 和因特网技术的解决方案。当时基于因特网、RFID 技术、EPC 标准，在计算机、因特网的基础上，利用射频识别技术、无线数据通信技术等构造了一个实现全球物品信息实时共享的实物互联网，简称物联网。

（3）1999 年，在美国召开的移动计算和网络国际会议提出了"传感网是下一个世纪人类面临的又一个发展机遇"。传感网是基于感知技术建立起来的网络。中科院也在 1999 年启动了传感网的研究。

（4）2003 年，美国《技术评论》提出传感网络技术将是未来改变人们生活的十大技术之首。

（5）2005 年 11 月 17 日，国际电信联盟发布《ITU 因特网报告 2005：物联网》，提出了比较全面而成熟的"物联网"概念。物联网概念的兴起，很大程度上得益于国际电信联盟 2005 年以物联网为标题的年度因特网报告。

（6）2008 年，为了应对世界经济危机，促进科技发展，寻找经济新的增长点，各国政府开始重视下一代的技术规划，将目光放在了物联网上。中国在同年 11 月举行了以"知识社会与创新"为主题的第二届中国移动政务研讨会，提出移动技术、物联网技术的发展代表着新一代信息技术的形成，并带动了经济社会形态、创新形态的变革，推动了面向知识社会的以用户体验为核心的下一代创新形态的形成，创新与发展更加关注用户、注重以人为本，而创新形态的形成又进一步推动新一代信息技术的健康发展。

（7）2009 年 1 月 28 日，美国总统奥巴马就任不久，与美国工商业领袖举行了一次"圆桌会议"。作为仅有的两名代表之一，IBM 首席执行官彭明盛首次提出"智慧的地球"概念，建议新政府投资新一代的智慧型基础设施。美国明确将新能源和物联网列为振兴经济的两大重点。2009 年 2 月 24 日的 2009 IBM 论坛上，IBM 大中华区首席执行官钱大群公布了名为"智慧的地球"的最新策略。此策略一经提出，即得到美国各界的高度关注，甚至有分析认为 IBM 公司的这一构想极有可能上升至美国的国家战略，并在世界范围内引起轰动。IBM 认为，IT 产业下一阶段的任务是把新一代 IT 技术充分运用到各行各业之中，具体地说，就是把感应器嵌入和装备到电网、铁路、桥梁、隧道、公路、建筑、供水系统、大坝和油气管道等各种物体中，并且被普遍连接，形成物联网。如果在基础建设过程中植入"智慧"的理念，不仅能够在短期内有力地刺激经济、促进就业，而且能够在短时间内打造一个成熟的智慧基础设施平台。IBM 希望"智慧的地球"策略能掀起"因特网"浪潮之后的又一次科技产业革命。IBM 前首席执行官郭士纳曾提出过一个重要的观点，认为计算模式每隔 15 年发生一次变革。这一判断像摩尔定律一样准确，人们把它称为"十五年周期定律"。1965 年前后发生的变革以大型机为标志，1980 年前后发生的变革以个人计算机的普及为标志，而 1995 年前后则发生了因特网革命，直至 2010 年前后的"物联网"。每一次这样的技术变革都引起企业间、产业间甚至国家间竞争格局的重大动荡和变化。因特网革命一定程度上是由美国"信息高速公路"战略所催熟。20 世纪 90 年代，美国克林顿政府计划用 20 年时间，耗资 2000 亿 ~4000 亿美元建设美国国家信息基础结构，创造了巨大的经济和社会效益。而今天，"智慧的地球"战略被不少美国人认为与当年的"信息高速公路"有许多相似之处，同样被他们认为是振兴经济、确立竞争优势的关键战略。

（8）2009 年 8 月 7 日，温家宝总理在视察中科院无锡高新微纳传感网工程技术研发中心时，提出了要尽快突破核心技术，把传感技术和通信技术的发展结合起来。自温总理提出"感知中国"以来，物联网被正式列为国家五大新兴战略性产业之一，写入政府工作报告，物联网在中国受到了全社会极大的关注。

物联网是当前最具发展潜力的产业之一，将有力带动传统产业转型升级，引领战略性新兴产业发展，实现经济结构和战略性调整，引发社会生产和经济发展方式的深度变革，具有巨大的战略增长潜能，是经济发展和科技创新的战略制高点，已经成为各个国家构建社会新模式和重塑国家长期竞争力的先导力。我国物联网的发展方向是：

（1）突破关键核心技术，实现科技创新。在突破关键核心技术的基础上，研发和推广应用技术，加强行业和领域物联网技术解决方案的研发和公共服务平台建设，以应用技术为支撑突破应用创新。

（2）制定发展规划，整体布局，重点推进。重点发展高端传感器、微机电系统（Micro Electro Mechanical System，MEMS）、智能传感器和传感器网节点、传感器网关；超高频 RFID、有源 RFID 和 RFID 中间件产业等，重点发展物联网相关终端、设备以及软件和信息服务。

（3）应用典型示范引路，带动发展。通过应用引导和技术研发的良性互动，加快物联网的产业发展。重点建设传感网在公众服务与重点行业的典型应用示范工程，确立以应用带动产业的发展模式，消除制约传感网规模发展的瓶颈。深度开发物联网采集来的信息资源，提升物联网应用过程中产业链的整体价值。

（4）加强物联网国际国内标准的制定与推行，促进和保障发展。做好顶层设计，满足产业需要，形成技术创新、标准和知识产权协调互动机制。面向重点业务应用，加强关键技术的研究，建设标准验证、测试和仿真等标准服务平台，加快关键标准的制定、实施和应用。积极参与国际标准制定，整合国内研究力量形成合力，将国内自主创新研究成果推向国际。

1.3 物联网技术架构与体系框架

从技术架构上来看，物联网可分为三层：感知层、网络层和应用层。如图1-2 所示。

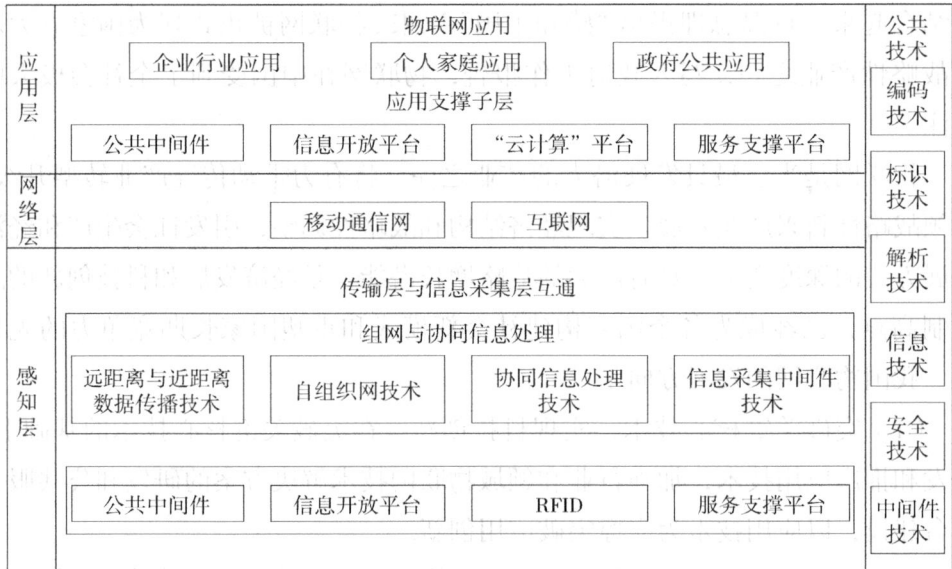

图 1-2 物联网技术架构

感知层由大量具有感知和识别功能的设备组成，包括视频传感器、音频传感器、振动传感器、二氧化碳浓度传感器、温度传感器、湿度传感器、二维码标签、RFID 标签和读写器、GPS 等感知终端。感知层的作用相当于人的眼耳鼻喉和皮肤等神经末梢，其主要功能是识别物体，采集信息。

网络层由各种自组织网络、因特网、有线和无线通信网、网络管理系统和云计算平台等组成，相当于人的神经中枢和大脑，负责传递和处理感知层获取的信息。

应用层是物联网和用户（包括人、组织和其他系统）的接口，它与行业需求结合，实现物联网的智能应用。物联网的行业特性主要体现在其应用领域内，目前智能物流、电网管理、绿色农业、工业监控、公共安全、城市管理、远程医疗、智能家居、智能交通和环境监测等各个行业均有物联网应用的尝试，表现出诱人的应用前景。

1.3.1 感知与识别技术

感知与识别技术是实现对物质与能量全面感知的基础。

1. 感知技术

感知技术主要是指传感器，它是获取物理信息的关键器件，是物联网底层的基础单位。根据国际 GB 7665-87 的定义，传感器是能感受规定的被测量，并按照一定的规律将其转换成可用输出信号的器件或装置，通常由敏感元件和转换元件组成。传感器种类繁多，按传感对象可分为温度、湿度、压力、位移、速度、加速度、角速度、力、浓度和气体成分等；按外界输入信号变换为电信号时采用的效应可分为物理传感器、化学传感器和生物传感器；按工作原理可分为电容式、电阻式、电感式、压电式、热电式、光敏式和光电式等。传感器技术是测量技术、半导体技术、信息处理技术、计算机技术、纳米技术、微电子学、光学、声学、材料科学、仿生学和精密机械等众多学科相互交叉的综合性和高新技术密集型的前沿研究领域，它与通信技术、计算机技术构成信息产业的三大支柱。现代科技拓展的新领域高度依赖传感技术的进步，大到上千光年的茫茫宇宙空间，小到粒子的超微世界，无论是超高温、超高压、超强磁场、超高真空，还是超低温、超弱磁场，都离不开传感器，传感器几乎已经渗透到所有的高新技术空间，成为高新技术的神经末梢。

2. 识别技术

识别技术涵盖物体识别、位置识别和地理识别。

物体识别以 RFID 技术为代表，配之以电子产品编码技术 EPC（Electronic Product Code）标准。RFID 集成了无线通信、芯片设计与制造、无线设计与制造、标签封装、系统集成和信息安全等技术。目前 RFID 应用以低频和中高频标签技术为主，超高频技术具有更远距离识别和低成本的优势，将成为未来主流。作为物联网发展的排头兵，射频识别技术成了人们最为关注的技术。以简单 RFID 系统为基础，结合已有的网络技术、数据库技术和中间件技术等，构筑一个由大量联网的阅读器和无数移动的标签组成的，比因特网更为庞大的物联网已成为 RFID 技术发展的趋势。RFID 是能够让物品"开口说话"的一种技术。在"物联网"的构想中，RFID 标签中存储着规范而具有互用性的信息，通过无线数据通信网络把它们自动采集到中央信息系统，实现物品（商品）的识别，进而通过开放性的计算机网络实现信息交换和共享，实现对物品的"透明"管理。RFID 系统很大程度上离不开电子产品编码技术的支撑。全球电子产品编码是新一代的编码标准，是全球统一标识系统的发展与重要构成，也是识别技术的关键环节。EPC 标准能提供感知对象的全球唯一标识，一个 EPC 编码分配给一个且只有一个物品使用，构成本质上的在线数据，AUTO–ID 中心的对象名称解释服务 ONS（Object Name Service）直接将 EPC 编码翻译成 IP 地址，IP 地址对应的主机储存相关的物品信息。目前，EPC 编码具有先进科学、全面合理、国际兼容的特点，是最与 RFID 匹配的编码技术。

位置识别以我国的北斗卫星导航系统 BDS（Bei Dou Navigation Satellite System）、美国 GPS（Global Positioning System）、俄罗斯 GLONASS（Global Navigation Satellite System）和欧盟 GALILEO（Galileos Atellite Navigation System）为代表。另外，小范围或室内、复杂环境定位技术也在近几年获得了较大的发展，尤其是实时定位系统 RTLS（Real Time Location Systems）。这些技术都将为物联网在不同环境条件下的位置识别提供支持。

地理识别以地理信息系统 GIS（Geographic Information System）为代表，运用系统和信息的科学理论，对空间数据进行科学管理和综合分析。GIS 集合了地图学、地理学、测绘学、卫星遥感、计算机科学、信息管理系统、定位系统等学科和技术的发展成果。计算机大容量存储介质、多媒体技术和可视化技术为 GIS 的发展提供了新的手段和方法。

1.3.2　感知层的信息采集、组网与协同信息处理技术

通过 RFID、传感器、EPC 和其他多媒体信息自动识别技术采集到的信息需要向上端传输，就要用到组网技术和协同信息处理技术，包括信息采集中间件技术、自组织组网技术、数据传输技术和协同信息处理技术。

（1）协同信息采集技术。该技术是将系统协同相关理论运用到物联网的信息采集环节，按协同的原则将所需的控制信息存储在不同的数据库表，并得到有效调用。

（2）自组织组网技术。该技术起源于 ALOHA 网络和无线分组数据网PRNET，其特点是网络具有自组织性、拓扑结构动态变化、分布式控制方式、多跳通信、节点的处理能力和能源受限、信道质量较差。它以传感器网络为代

表，是一种典型的固定传感器节点自组网技术，利用传感器形成多跳自组织网络，协作地感知、采集网络覆盖区域中感知对象的信息。我国在传感网网络结构与协议、覆盖控制、定位算法、操作系统和仿真工具等方面已取得阶段性成果。

（3）数据传输技术。该技术分为近距离传输和远距离传输，距离的长短是指信息采集设备到传输节点的距离远近。感知层节点通常是利用短距离无线通信技术相互连接。具体主要有 Wi-Fi、Bluetooth 蓝牙、ZigBee 紫蜂和 UWB（UltraWideband）超宽带等无线传输技术。

（4）信息采集中间件技术。通过标准的程序接口和协议，针对不同的操作设备和硬件接收平台，中间件可以有符合接口和协议规范的多种实现。感知层在地址协议、移动性管理、远程维护与管理等方面都与因特网 TCP/IP 不同，需要网关进行有效转换后实现互联。在不同的应用场景下有着不同的产品形态和差异化的性能指标，包括硬件技术和软件技术。在硬件技术方面，主要包括面向物联网应用的各种通用及专用核心芯片、系统设备，以完成传感、处理与通信等工作。由于实现工艺的差异，主要包括嵌入式系统、SoC（Systemon Chip）片上系统、MEMS 微机电系统等，这些芯片和设备是物联网核心知识产权的集中地，也是物联网产业的必争高地。在软件技术方面，主要包括面向不同行业应用的操作系统、行业中间件和各种控制软件等，这些系统软件可以有效地完成多网融合，是物联网的重要组成部分。

1.3.3　网络层技术

物联网的网络层搭建物联网的网络平台，是建立在现有的移动通信网、因特网和其他专网的基础上，通过各种接入设备与物联网感知层相连接。网关节点是连接感知层和网络层的关键设备，实现异种异构网络的互联互通。网络层一般基于移动通信网或因特网，采用 TCP/IP。

物联网接入技术包括有线（同轴电缆、双绞线、光纤等）和无线（3G/4G/5G、卫星通信以及蓝牙、Wi-Fi、ZigBee、WiMAX 等）两大接入类型。接入网及其后的核心网与现有的末梢网络完全不同，它并不是为承载物联网应用设计的。为了实现异构信息之间的互联、互通与互操作，未来的物联网需要以一个开放的、分层的、可扩展的网络体系结构为框架来实现异种异构网络与骨干网络无缝连接，并提供相应的服务质量保证。

1.3.4　应用层技术

应用层利用经过分析处理的感知数据为用户提供丰富的特定服务，以实现智能化识别、定位、跟踪、监控和管理。应用层主要包含应用支撑平台子层和应用服务子层。其中应用支撑平台子层用于支撑跨行业应用，以及跨系统之间的信息协同、共享、互通的功能，主要包括公共中间件、信息开放平台、云计算平台和服务支撑平台。应用服务子层包括精确农业、智能交通、智能物流、智能家居和公共安全等行业应用。

（1）大规模的感知信息处理技术。物联网的应用服务建立在真实世界的数据采集之上，产生的数据量会比因特网的数据量提升几个量级，海量信息需要运用多粒度存储、数据挖掘、知识发现和并行处理等技术进行处置管理。一方面，海量数据汇聚到应用业务平台后，需要对数据进行存储管理，以便为以后的应用服务提供足够的原始数据。另一方面，需要根据应用的行业特点对原始数据进行相应的建模、挖掘，以得到所需要的结果。

（2）智能分析和信息处理技术。物联网是一个智能的网络，传感器仅仅提供了对物理变量、状态及其变化的探测和测量所必需的手段，而对物理世界由"感"而"知"的过程则由智能分析和信息处理技术来实现。信息处理技术贯穿由"感"而"知"的全过程，它基于多个物联网感知层节点或设备所采集的传感数据，实现对物理世界及其变化的全面、透彻感知，以及智能反馈、决策的过程，是实现物联网应用系统物物互联、物人互联的关键技术之一。

（3）云计算技术。大规模感知信息处理是物联网的核心支撑，是确保物联网跨行业运用、安全可靠运行的中心枢纽，必须依靠云计算技术。云计算（Cloud Computing）的概念是由 Google 公司提出的，这是一个网络应用模式。狭义云计算是指 IT 基础设施的交互和使用模式，通过网络以按需、易扩展的方式获得所需的资源；广义云计算是指服务的交互和使用模式，通过网络以按需、易扩展的方式获得所需的服务，它具有超大规模、虚拟化和可靠安全等独特功效。云计算是分布式计算技术的一种，其最基本的概念是通过网络将庞大的计算处理程序自动分拆成无数个较小的子程序，再交由多部服务器所组成的庞大系统经搜寻、计算分析之后将处理结果回传给用户。网络服务提供者可以在数秒之内达到处理数以千万计甚至亿计的信息，形成"超级计算机"那样强大效能的网络服务。云计算为存储和管理数据提供了无限多的空间，也为我们完成各类应用提供了无限的技术能力。物联网基于云计算平台和智能网络，可以为通过传感器网络所获取的数据进行计算、控制、管理和决策。

第 2 章　物联网技术在监狱管理中的应用

本章重点

◎ 了解支撑监狱管理转型的物联网需求

◎ 了解监狱物联网技术与应用

◎ 了解智慧监狱建设

2.1　监狱管理转型下的物联网机会

物联网技术为监狱管理模式的全新运作提供了可能和机会，必将成为监狱安全保障工作创新、行刑方式和执法规范创新、教育矫正创新的重要推动力量，并不断改进监狱的形态和内涵，改变监狱范围内警察与罪犯、警察与警察、罪犯与罪犯之间的关系，为创建安全、和谐、新型的监狱发挥重要作用，成为现代罪犯矫正技术最具活力与效力之所在。

2.1.1　物联网技术应用第一阶段

以物联网的核心技术 RFID 无线射频识别系统为代表的无线定位技术被应用于监狱安防系统，实施对监狱人员和重要物品的无线定位与跟踪，并逐步取代视频监控成为第一位的首选技术方案，全面提升监狱综合管理的规范化、精细化水平，完全实现监狱的防逃、防劫狱的安全目标。主要技术系统除了核心技术 RFID 外，还有 ZigBee、WLAN、Wi-Fi、GPS、雷达、蓝牙、超宽带、超声波等无线传输技术，是一个自动识别技术产品与无线传输技术、自组织组网技术、中间件技术的组合系统，属于物联网构架基础层面，即感知层。使用无线安防网络有利于减少部署难度、降低维护成本和增加灵活性，但是在室内环境下会面临多径传输干扰、传输冲突和障碍物反射等问题，这些问题会影响系统的可靠性和可扩展性。另外，现有绝大多数监测系统都是基于有线网络设计的，其原有的高层应用和协议若要在无线网络上应用必须作相应的改进。以RFID无线射频识别系统为代表的无线定位技术方案通过对人与物的射频识别和无线定位实现主动的即时管控，凸显了个别化的人与特质性的物的区域准确位置，然后实施富有针对性、主动性、即时性的跟踪与管理。它把管理对象放到了显著位置和无上高度，由此带来了一系列的管理正向效应。最低效果是：对罪犯来说，多了一道虚拟而真切的锁链或围墙；对重要物品来说，加了一个无形的防盗保险箱；对警察来说，添置了一件安全管理与规范管理的得力工具。现阶段该技术方案的主要应用思路、需求与亮点有如下三方面。

（1）罪犯戴上装有RFID芯片的腕表，实现对罪犯的识别、定位、跟踪、管理功能。

- 一名罪犯一个唯一的识别码，保证识别准确；
- 一名罪犯在任何时间总有一个所在区域位置，保证区域定位准确；
- 在罪犯临近或超越警戒线、离开规定区域、规定不能走动而走动、规定走动而不走动、联号三人分离超过规定距离、离开带班警察规定距离等非正常情况出现时自动报警；
- 罪犯遇到危险需要报警时可以人工操作报警；
- 按设定的间隔时间或由值班警察随时发起，在特定区域对罪犯实现自动点名，核对人数，发现异常自动报警；
- 对罪犯特定时间的活动轨迹实施跟踪或回放；
- 让罪犯腕表中RFID芯片承载尽可能多的个人信息，实现个别化的精细管理，如把罪犯个人考核奖惩、消费账单、门诊记录、学习成绩、劳动绩效和会见记录等信息纳入RFID系统，进行针对性的精确管理，必能大幅提升行刑与矫正的功效。

总之，该系统以罪犯个人为核心，充分显示了罪犯在监狱安全管理、行刑与矫正中的主体地位，在其唯一识别码下落实报警联动，汇聚其个人信息按规则管控，程序规范、操作简便、管理自然到点，容易达到监狱管理以安全为底线、精细化为目标的理想状态。

（2）直接管理罪犯警察上岗必须佩戴嵌入RFID芯片的胸牌，手持射频信号接收机，在落实对罪犯直接管理的同时，也接受领导机关与人员的识别、定位、态势判断、决策执行等智能化管理。

- 手持射频信号接收机可以随时发起对罪犯点名，随时报警；
- 一名警察一个唯一的识别码，保证识别准确；
- 在岗警察在任何时间总有一个所在区域位置，保证区域定位准确；
- 在岗警察按规定时间落实走动式管理，违规时自动提醒或警告；
- 自动或人工操作对在岗警察规定的管理活动轨迹进行回放，检查其工作状态和管理到位程度；
- 对警察的个别谈话教育（与罪犯需要个别谈话教育的自动提醒信息相对应）进行录音，自动列入考核；
- 在岗警察随时接受管理者的指令；
- 集成在岗警察的个人管理罪犯信息（与罪犯的个别化信息相对应），自动进行综合评判。

通过上述功能的实现，警察的生命危险和日常执法风险得到有效规避，并把对警察的管理与考核纳入规范化轨道。

（3）把重要工具、危险品、重要物品贴上 RFID 芯片的标签，在确保黏连的情况下，实现对其识别、定位、跟踪和管理功能。

- 一件物品一个唯一的识别码，保证识别准确；
- 一件物品在任何时间总有一个所在区域位置，保证区域定位准确，不在位即自动报警；
- 一件物品按规定时间转移到规定位置，违规时自动提醒或报警；
- 自动或人工操作对管控物品规定的移动轨迹进行回放，检查其在规定时间是否在规定位置。

通过上述功能的实现，确保重要工具、危险品、重要物品的管理安全。总而言之，以 RFID 无线射频识别系统为中心，集成联动现有安防系统，对值班民警和罪犯实现区域定位管理，在无人员介入的情况下，自动实时完成罪犯脱逃或离开规定区域、民警脱岗的信息感知与报警。

2.1.2　物联网技术应用第二阶段

状态感知技术将被应用于罪犯日常管理和重点部位的管控与预警。把各种传感器部署到监区，形成传感器的局域网，甚至把传感器集成到罪犯所戴的腕表上，重点目标是以罪犯个人为指向，感知其生命体征和危险行为，并实现监狱安防系统的高度集成与智能化，具备自感应、自适应和自学习能力，自动结合多种传感器信息，自动实现事故目标的有效分类和高精度的区域定位，在不需要人员介入的情况下启动各项应急措施。虽然状态感知技术也属于物联网构架基础层面（即感知层），但是把它列入第二阶段主要基于两方面考虑：一是，从技术成熟度来说，生命体征和危险行为的相关技术、产品和解决方案有待于实践的检验和实战的磨练提升，特别是要把相关传感器集成到罪犯戴的腕表上，目前的集成效果还不够理想；二是，第一阶段的无线射频识别系统主要解决了罪犯脱逃、劫狱等安全问题，而对罪犯自残、自杀、暴狱和袭警等方面的全面主动防范只能考虑放在这一步。将无线传感器网络（如振动传感器、加速度传感器）大规模布置进监狱，甚至替换视频监控，确实需要进行严格论证、规范设计和实际试点比较。但是，不管怎么说，状态感知单项技术已经成熟，目前主要存在集成的问题，比较理想的技术、产品和方案的出现还需要一点时间。可以相信，把血压传感器、血氧传感器和体温传感器等移动生命体征监测设备集成到腕表上是可能的，对防控罪犯自残、自杀会有实实在在的效果；把振动传感器、加速度传感器集成到腕表上也是可能的，对防控罪犯打架、群殴、暴狱会有独到的功效。监狱安防物联网在现有监狱有线安防系统的基础上，保留其原有的数据传输量较大的视频、门限等有线监控手段，加入在线视频分析机制，加入温度及振动感知和动态实时定位的无线传感器网络，从而更加完善安防系统，消除监测盲区。

另一种选择是把各种传感器集成到现有的传统视频监控上，结合行为模式识别的优化设计，实现视频监控与传感器感知状态的联动，也可能形成比较好的方案。将无线传感器网络节点布置在监舍、生产区、教学区、制高点、禁闭室和监区医院等，建立无线传感器网络，实现对监狱的全面覆盖。由于在监狱中传感器节点非常多，布线工程非常大，并且许多区域不适合采用有线连接，如果采用无线接入方式，则使传感器的部署变得简单易行，可以轻松地增加传感器节点或改变节点的位置。通过周期性或随时改变监测传感器节点的位置排列组合传感器阵列对目标进行定位，可以消除现有有线监测系统在监测上的盲区。并且由于监测节点的位置经常变化，罪犯无法找到监测漏洞，从而使安防系统更加完善。传感器节点获取的数据可以在本地进行简单处理，然后进行聚集并传送到基站。监狱通过监控中心和监测系统对每位被监测罪犯的信息进行实时分析，通过专家系统判断罪犯的实时状况。如果发现罪犯出现异常或危险则进行报警并快速处置。通过传感器网络在对罪犯必要的振动、位置指标进行实时监测的同时，还允许罪犯在一定范围内活动的自由，有助于罪犯保持良好的情绪，促进罪犯增强自信，走上积极改造之路。由于每个监舍都部署了相应的传感器，因此警察能够全面掌握罪犯的动态情况。当罪犯在监舍或在监舍外活动（要求监舍外也要部署传感器网络）时，警察仍然可以对其进行定位跟踪。将节点佩戴在警察身上，利用节点上配置的振动传感器和定位系统，可以实时监控警察的工作区域和保障其人身安全。如果发生突发事件，如罪犯袭警或罪犯之间斗殴，监控中心和监测系统迅速作出反应，增援警力迅速到达事发现场紧急处置。同时，通过对警察的定位跟踪，可以随时掌握警察的工作情况，有利于规范执法行为、提高工作效率。

2.1.3   物联网技术应用第三阶段

第三阶段不再局限于一、二阶段的以安全防控、规范行刑执法为目标，而是突出满足矫正罪犯的实际需要，全面达到教育改造实现智能化、网络化、情境模拟化的目标。主要思路是在系统集成罪犯无线定位和状态感知信息的基础上，运用云计算平台的强大运算能力和庞大数据库支撑，借助人工智能与数据挖掘技术，全面联系罪犯个人成长经历、家庭社会背景、个性特点、文化实际程度、技术专长和其他因素，并配置于相应的个别化矫正的模块课程，形成全面系统的贯穿于整个服刑过程的标准化矫正个案，矫正过程实行警察与罪犯、罪犯与矫正专用读写终端（如平板电脑）的充分互动。硬件基本装备为：在监狱基础网络成型的基础上，在罪犯活动的三大现场和重要公共部位安装无线射频发射器、射频信号接收机，值带班民警佩戴装有无线定位芯片的胸卡，手持便携式的带有报警、通话、录音功能的射频信号接收机，每名罪犯佩戴集成无线定位、状态感知、个人信息数据库的腕表，并经常携带和使用可以链接监狱矫正专网的读写终端，以腕表的专门识别码激活并获取专门针对罪犯个人的矫正信息。以无线定位、状态感知技术应用为核心的软件开发设计应全面展开，把现有的软件开发成果嫁接到物联网技术上，并做进一步的改进完善。软件开发规模最大、最艰巨而繁重的任务是开发一套要涵盖各种罪犯类型、个性特点、文化程度、服刑进程、现实表现状况的标准化的矫正模块课程及相关方案。借鉴模块化产品设计的思想，开发罪犯教育改造的各类、各门、各段的系列课程，在各课程开发标准化的基础上，实现以罪犯个别化为价值目标指向的排列组合，并在网络上智能互动，使罪犯教育改造科学化，提高教育改造质量的有效途径和必然趋势。这套软件面对的是全国的罪犯，每名罪犯抽取的是与他的各种个性化因素相关的模块课程与方案，并且有关模块课程和方案的获取是与他特定的服刑时段、学习进程和现实中典型表现相应的，是唯一的匹配。

近年来，以 RFID 无线定位为主的安防监控系统已在监狱、看守所、劳教所等单位展开了一些试点，多数试点单位开始时满腔热情，对物联网寄予厚望，但在实际操作中遇到一些挫折后就泄气了，对 RFID 无线射频识别技术产生怀疑，带来了一些负面影响。效果不理想的原因主要有：一是试点单位对定位技术的不了解，特别是对电子腕带（只是一个载体）背后的各类无线技术不了解，缺乏制度设计，业务流程和管理模式没有随着技术应用升级而重塑。二是多数情形下，区域定位即可满足相关需求。确实需要精确定位的地方可采用高频或超高频等高端产品。三是应用规模普遍比较小，系统的技术适配程度低。四是技术方案单一，全面性、成熟度不足，系统要素中存在明显短板，特别是在方案设计的指导思想上，没有把 RFID 无线射频识别系统作为监狱管理的中心、安防系统的核心来建设，依附于视频安防系统，系统构架错误，其作用肯定不理想。当前，要对 RFID 无线射频识别系统的产品、技术、方案做全面的调研，进行综合比对，权衡利弊、审慎选择，切实加强对试点单位的技术指导。在此基础上，要及早尽快形成相关的技术产品标准体系，方便技术对接，确保建设成效，避免重大失误和资源浪费。监狱要通过 RFID 无线射频识别系统的应用，把现有的门禁系统、视频监控系统、紧急报警系统和巡更周界系统等安防系统嫁接到 RFID 无线射频识别系统上，达到多模信息感知与协同处理的效果。具体目标：人员高精度定位；智能分析判断及控制；实施由面到点的实体防御和精确管理；具有强大的网络平台支撑与服务；实现高度智能化的人机对话功能；基本消除传感器问题和外部干扰引起的误报、漏报。

2.2 监狱物联网与智慧监狱建设

监狱物联网可以定义为通过安装在监狱环境、物品及佩带在罪犯、警察等身上的 RFID 射频识别装置、各类传感器、实时定位系统、激光扫描器等信息传感设备，采集感知监狱相关信息，按约定的协议，经过接口与互联网相连接，实现人与物体或物体与物体相互间的沟通和对话（即 M2M），从而给物体赋予"智能"，实现智能化识别、定位、跟踪、监控和精细化管理的一种网络。

基于传感感知技术的成熟和规模化应用，监狱物联网将为监狱大数据应用的落地提供全面有效的数据支撑。从基础设施建设的角度看，智慧监狱在某种意义上就是物联网监狱。

传感器采集的监狱物联网感知信息涉及监狱各类安防设备和设施，如视频监控、AB 门、门禁、周界、电网、无线射频设备、监听对讲等各类安防系统，以及监狱装备的锅炉、发电机、消防装置等设施。通过安置在各安防设施设备上的传感器，每时每刻都会采集到大量动态感知数据，如视频、开关门、电网电压变化等，还包括罪犯 RFID 电子腕带产生的实时位置信息、生命体征信息等。这些数据不但可以用来判断是否越界等事件，还可以挖掘出监狱罪犯的行为习惯、潜在脱逃风险等二级价值。

视频监控作为监狱安防体系的重要组成部分，每个监狱重点部位都安装有监控摄像机，每时每刻都在产生大量的监控视频，其产生的视频流不仅可供用于监控罪犯的实时活动状态，还可以用来辅助分析罪犯的行为轨迹、逗留意图等潜在的二级价值。如何通过对监控视频的智能化分析提高监管场所的安全保障，已经成为大数据技术在监狱应用的重要方向之一。

以视频智能分析技术为例，监狱应用场景尤其关注视频监控中的异常以杜绝各类安全隐患。采用传统人工紧盯监控画面的战术时，面对大量的摄像机的监控画面，轮询方式难以做到及时发现问题，视频监控设备往往沦为事后追溯或取证的"视频录像系统"。如何使视频监控从被动应对变成主动警示，从事后取证变为事先防范，对监狱视频监控的应用意义重大。

视频智能分析是一种基于目标行为的智能监控技术，是计算机图像视觉技术在安防领域应用的一个分支。与传统的移动侦测 (Video Motion Detection, VMD) 技术不同，智能视频分析首先将场景中的背景和目标分离，识别出真正的目标，去除背景干扰（如树叶抖动、水面波浪、灯光变化），进而分析并追踪在摄像机场景内出现的目标行为。智能视频分析与移动侦测的本质区别是前者可以准确识别出视频中真正活动的目标，而后者只能判断出画面变化的内容，无法区分目标和背景干扰。所谓智能的核心，就是目标识别和行为分析，智能视频分析相对于移动侦测，抗干扰能力有质的提高，尤其在低照度、暴雨、大雪、浓雾、强风、冰雹、阴晴急剧变化等各种恶劣环境干扰下的检测和识别。

　　视频监控数据可以说是目前监狱最大的物联感知数据生成器。视频产生的数据量极其巨大，一个普通的标清摄像机一天产生的数据量可以达到 7GB，高清的 720P、1080P 则更大，海量的视频内容给数据分析和检索带来极大挑战。一个通常的视频监控大数据应用框架，如图 2-1 所示。

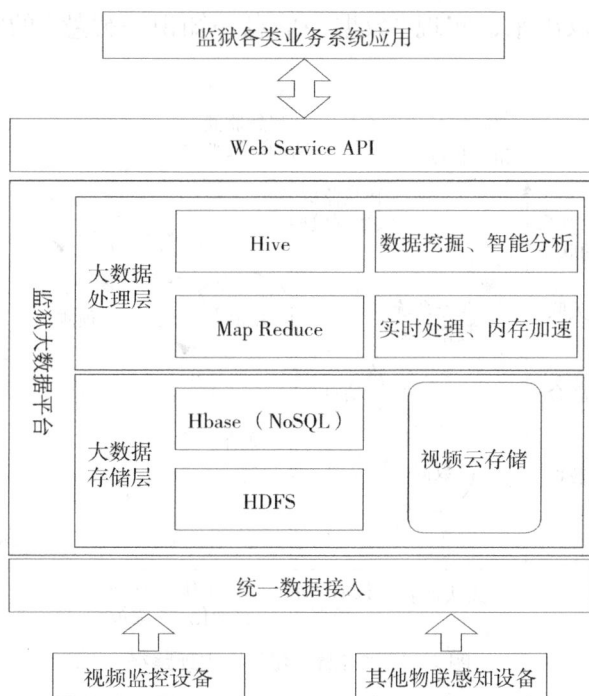

图 2-1　视频监控大数据应用框架

　　监狱视频监控系统要做到事前预警、主动防范，首先要关注的应该是视频分析算法的及时性和可用性，可以说业务实战化推动了大数据分析的需求。当然，关于大数据环境下的算法时效性是否能胜任监狱要求，从目前大数据的发展来看，适用于大数据的技术，包括大规模并行处理（Massive Parallel

Processor，MPP）、分布式文件系统、分布式数据库、云计算平台、可扩展的存储系统，都是以能在容忍时间内有效处理大量数据为标准。

视频监控大数据应用框架的核心是对数据进行存储和处理的大数据平台。大数据平台基于 Hadoop 集群来实现，通过统一数据接入并存储视频监控设备数据和其他物联感知设备数据。各种结构化、半结构化类型的数据经过清洗和转换之后存入 HDFS 或 HBase 中，Hive 用来进行数据提取转化加载（ETL），MapReduce 可对存储在 HDFS 和 HBase 中的数据进行大规模的并行处理、分析。

通过大数据技术，进一步挖掘海量视频监控数据背后的价值信息，快速反馈给风险预警决策系统，将是未来视频监控应用的发展方向。

通过物联网实现海量感知数据的采集，利用大数据的理念和技术，将数据从应用系统中抽取出来，实现"数据→信息→知识→智慧"的实现路径，如图2-2所示。

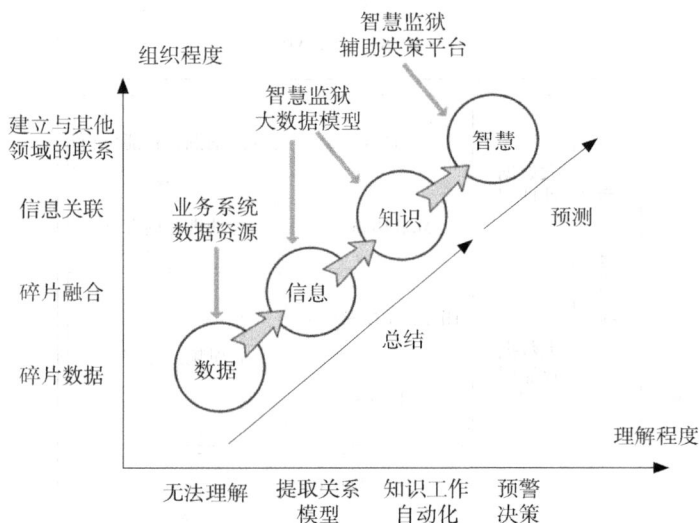

图 2-2　"智慧监狱"的实现路径

具体地说，可以通过智慧监狱一系列关键绩效指标 KPI（Key Performance Indicator）来衡量监管安全、执法规范、矫正质量和效能提升四个层面的目标达到情况。同时，通过建立一系列智慧监狱模型对海量业务数据进行挖掘，筛选出适用于监狱政务目标并具有较高预测性的大数据模型，这些模型可以帮助业务管理层、业务决策层和业务操作层在未来更有效地开展监管改造工作。上述框架可用"智慧监狱"金字塔描述，如图 2-3 所示。

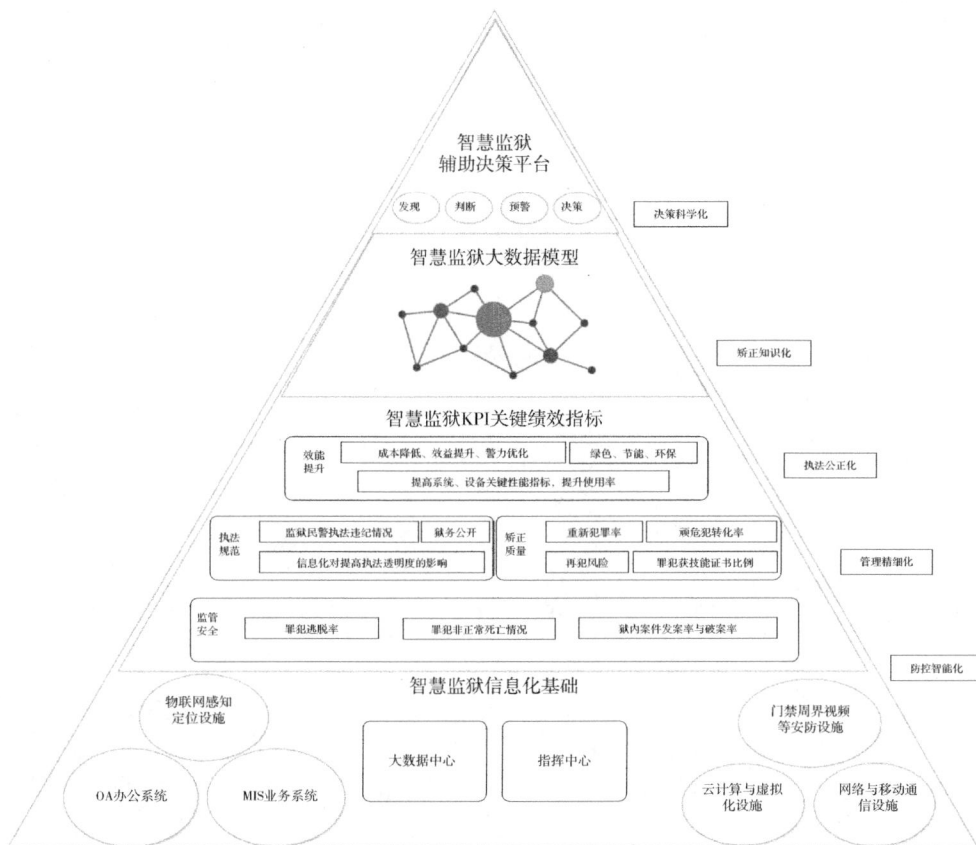

图 2-3　"智慧监狱"金字塔

智慧监狱建设是在信息化监狱基础上的迭代升级，更加注重数据治理、系统融合和智能化升级，以场景化的多业务协同应用为抓手，推进监狱安全风险监测预警关口前移，推进应急指挥系统智能化和高效化，建好建强"监狱大脑"，着力打造监狱的"整体智治"。

PIECE 2

第二篇

定位识别与状态感知

物联网技术涉及面非常广，许多是属于科研前沿的高新技术，限于篇幅，本篇重点介绍物联网的关键技术，特别是与监狱的应用关联度比较高、应用前景比较好的物联网技术——EPC、RFID、感知、识别、无线传输、无线定位等，为监狱物联网应用方案的设计做一些技术上的铺垫。

第 3 章　物联网编码技术

本章重点

◎ 理解 EPC 技术

◎ 理解条码技术

3.1　EPC

3.1.1　EPC概述

1999 年，美国麻省理工大学成立 Auto-ID 中心，致力于自动识别技术的开发和研究。Auto-ID 中心在美国统一代码委员会 (Uniform Code Council Inc，UCC) 的支持下，将 RFID 技术与互联网结合，提出了产品电子代码 (Electronic Product Code，EPC) 的概念。国际物品编码协会（Global Standard1，GS1）与美国统一代码委员会将全球统一标识编码体系植入 EPC 概念当中，从而使 EPC 纳入全球统一标识系统。世界一些著名的研究性大学——英国剑桥大学、澳大利亚阿德雷德大学、日本庆应义塾大学、瑞士圣加仑大学以及中国的复旦大学相继加入并参与 EPC 的研发工作。该项工作还得到了沃尔玛、可口可乐、宝洁、吉列、强生、辉瑞、联合利华、UPS 快递等 100 多家国际大公司的支持，其研究成果已在一些公司中试用，如宝洁、特易购等。

2003 年 11 月 1 日，国际物品编码协会 (GS1) 正式接管了 EPC 在全球的推广应用工作，成立了 EPCGlobal，负责全球 EPC 的管理和实施。EPCGlobal 授权 GS1 在各国的编码组织成员负责本国的 EPC 工作，各国编码组织的主要职责是管理 EPC 注册和标准化工作，在当地推广 EPC 系统和提供技术支持以及培训 EPC 系统用户。在我国，EPCGlobal 授权中国物品编码中心作为唯一代表负责我国 EPC 系统的注册管理、维护及推广应用工作。EPCGlobal 的成立为 EPC 系统在全球的推广应用提供了有力的组织保障。EPCGlobal 旨在搭建一个可以自动识别任何地方、任何事物的开放性的全球网络，即 EPC 系统，可以形象地称之为 "物联网"。构想中，RFID 标签中存储的 EPC 代码，通过无线数据通信网络把它们自动采集到中央信息系统，实现对物品的识别，进而通过开放的计算机网络实现信息交换和共享，实现对物品的透明化管理。

GS1 全球统一标识系统 (以下简称 "GS1 系统") 是一种开放的、多领域的、多环节应用的全球统一商务语言。GS1 系统以商品条码系统为核心，包含编码体系、数据载体、电子数据交换和解决方案等内容。该系统为金融、贸易、物流、资产管理、位置服务等提供全球唯一的标识，不仅克服了企业内部编码系统的封闭性，而且提高了全球贸易效率、供应链管理效率和透明度，提高了对客户的反应能力，降低了管理成本。国际物品编码协会负责 GS1 系统的全球管理，编码中心负责我国 GS1 系统的组织实施和推动工作。目前，GS1 系统已经广泛应用于我国各行各业。

3.1.2 EPC 的定义

EPC 提供对物理世界对象的唯一标识。EPC 借助计算机网络来标识和访问一个物品，就如同在互联网中使用 IP 地址来标识、组织和通信一样。EPC 系统的最终目的是为每一个单品建立全球的、开放的标识标准，实现全球范围内对单件产品的跟踪与追溯，从而有效提高供应链管理水平、降低物流成本。EPC 是一个完整的、复杂的、综合的系统。

EPC 系统由 EPC 编码体系、射频识别体系、信息网络系统三部分组成，主要包括 EPC 编码标准、EPC 标签、识读器、神经网络软件（Savant 系统）、对象名称解析服务（Object Naming Service,ONS）和实体标记语言（Physical Markup Language,PML）6 个方面，如表 3-1 所示。

表 3-1 EPC 系统构成

系统构成	名称
EPC 编码体系	EPC 编码标准
射频识别体系	EPC 标签
	识读器

续表

系统构成	名称
信息网络系统	神经网络软件（Savant 系统）
	对象名称解析服务（ONS）
	实体标记语言（PML）

（1）EPC 编码体系是新一代的与全球贸易项目代码（Global Trade Item Number，GTIN）兼容的编码标准，它是全球统一标识系统的拓展和延伸，是全球统一标识系统的重要组成部分，是 EPC 系统的核心与关键。

（2）EPC 射频识别系统是由射频标签和识读器组成。射频标签是 EPC 的载体，附着于跟踪的物品上在全球流通。射频标签和识读器之间利用无线感应方式进行信息交换。

（3）信息网络系统是由本地网络与全球互联网组成，是实现信息管理、信息流通的功能模块。EPC 系统的信息网络系统是在全球互联网的基础上，通过 EPC 中间件及对象名称解析服务器和实体标记语言实现"实物互联"。

3.1.3　EPC 编码策略

EPC 的编码策略具有如下特点。

（1）唯一性。与当前广泛使用的 EAN.UCC 代码不同的是，EPC 提供给每个物理对象一个唯一标识，即一个 EPC 编码仅仅分配给一个物品使用。根据产品的不同性质，如规格、重量、形状、包装、颜色、气味等，赋予不同的商品代码。即使同一厂商的同一规格的同一种产品也对应一个不同的代码。EPCGlobal 采取了足够的编码数量来确保实体对象实现唯一标识。EPC 编码冗余度见表 3-2。从汽车的年产量（大约 600 万辆）到大米年产量的总粒数（粗略估计约 1.3 亿亿粒），EPC 有足够大的地址空间来标识所有这些对象。

表 3-2　EPC 编码冗余

比特数	唯一编码数	对象
23	6×10^6 辆 / 年	汽车
29	5.6×10^8 台使用中	计算机
33	6×10^9 人	人口
34	2×10^{10} 片 / 年	剃刀刀片
54	1.3×10^{16} 粒 / 年	大米粒数

（2）永久性。对于一些特殊的产品，EPC 代码的使用周期是永久的，产品代码一经分配，就不再更改。当此种产品不再生产时，其对应的产品代码只能搁置起来，不得重复起用或分配给其他的商品。

（3）简易性。EPC 的编码简单同时又能提供实体对象的唯一标识。以往的编码方案，很少能被世界各国和各行业广泛采用，原因之一就是编码复杂导致不适用。

（4）扩展性。EPC 编码留有备用空间，拥有足够的冗余，具有可扩展性，从而确保了 EPC 系统的可持续发展。

（5）安全性。安全的传输、存储和实现是 EPC 能够被广泛采用的基础。EPC 编码可以与加密技术相结合，具有高度的保密性和安全性。

3.1.4　EPC 编码体系

EPC 编码体系是新一代的产品编码体系，它是全球统一标识系统的延伸和拓展，是全球统一标识系统的重要组成部分，是 EPC 系统的核心与关键。EPC 编码是由一个版本号和另外三段数据(依次为域名管理、对象种类、序列号)组成的一组数字。其中版本号标识 EPC 的版本号，它使得以后的 EPC 可有不同的长度或类型；域名管理是描述与此 EPC 相关的生产厂商的信息；对象种类类型是描述生产厂商生产的产品型号；序列号是唯一标识物品，它可以精确地告诉我们究竟是哪一个产品。

目前，EPC 编码有 64 位、96 位和 256 位 3 种方案（位数均为二进制）。如表 3-3 所示，以 96 位 EPC 编码为例，可以为 2.68 亿个生产厂商提供唯一标识，每个生产厂商可以有 1600 万个对象种类，并且每个对象种类可以有 680 亿个序列号，这对未来世界的所有产品来说已经足够使用了。

表 3-3　EPC 编码类型

编码方案	编码类型	版本号	域名管理	对象分类	序列号
EPC-64	I	2 位	21 位	17 位	24 位
	II	2 位	15 位	13 位	34 位
	III	2 位	26 位	13 位	23 位
EPC-96	I	8 位	28 位	24 位	36 位

EPC-256	Ⅰ	8 位	32 位	56 位	160 位
	Ⅱ	8 位	64 位	56 位	128 位
	Ⅲ	8 位	128 位	56 位	64 位

由于当前应用还不需要使用如此多位数的序列号，因而一般可采用 64 位 EPC，这也可以进一步降低标签成本。但随着 EPC-64 和 EPC-96 版本的不断发展，EPC 代码作为一种世界通用的标识方案已经不足以满足未来长期的使用，因而出现了 256 位编码。至今已推出 EPC-96 Ⅰ型，EPC-64 Ⅰ型、Ⅱ型、Ⅲ型，EPC-256 Ⅰ型、Ⅱ型、Ⅲ型等编码方案。

1. EPC-64 码

目前已研制出了三种类型的 64 位 EPC 代码。

（1）EPC-64 Ⅰ型。EPC-64 Ⅰ型编码提供 2 位的版本号编码、21 位的域名管理编码、17 位的对象分类和 24 位序列号。该类型编码允许 200 万个组织使用该 EPC-64 码。对象种类可以达到 131072 个。24 位序列号可以标识 1600 万件物品。编码结构如表 3-4 所示。

表 3-4　EPC-64 Ⅰ型的编码结构

1	1XXXXX	1XXXX	XXXXXX
版本号	EPC 域名管理	对象分类	序列号
2 位	21 位	17 位	24 位

（2）EPC-64 Ⅱ型。EPC-64 Ⅱ型适合产品数量多以及对价格反应敏感的消费品生产厂商。一些产品数量超过 2 万亿并且想要申请唯一产品标识的企业，可以采用该方案。该方案的编码可以为 32768 个制造商赋码，提供多达 8192 种产品分类，可以标识 170 万亿个不同的单品编号，远远超过了世界上最大消费品生产商的生产能力。

（3）EPC-64 Ⅲ型。为了推动 EPC 应用过程，便于 EPC 扩展到其他组织和行业，可以通过增加应用的企业数量来满足要求，就像 EPC-64 Ⅱ型增加序列号来满足单品的生产数量一样。EPC-64 型域名管理增加到 26 位，可以为 6700 万个制造商赋码，每个厂商可以有 8192 种产品分类，每类产品有数量超过 800 万个独立产品编码。

2. EPC-96 Ⅰ型

EPC-96 Ⅰ型编码的设计目的是成为一个公开的物品标识代码，其应用类似于目前的统一产品代码。该类型编码有 96 位的 EPC 码，可以为 2.68 亿个组织或公司赋码，每个公司可以有 1600 万种产品分类，每类产品有 680 亿个独立产品编码，形象地说，可以为地球上的每一粒大米赋一个唯一的编码。编码结构如表 3-5 所示。

表 3-5   EPC-96 Ⅰ型的编码结构

01	XXXXXXX	XXXXXX	XXXXXXXXX
版本号	EPC 域名管理	对象分类	序列号
8 位	28 位	24 位	36 位

3. EPC-256 型

EPC-96 和 EPC-64 是作为物理实体标识符的短期使用而设计的。256 位 EPC 是为满足未来使用 EPC 代码的应用需求而设计的。由于未来应用的具体要求目前还无法准确获知，因而 256 位 EPC 版本必须具备可扩展性，以便未来的实际应用不会受到限制。

当前，出于成本等因素的考虑，参与 EPC 测试所使用的编码标准大多采用 64 位的编码结构，未来将采用 96 位或 256 位的编码结构。

3.1.5   EPC 工作流程

如图 3-1 所示，在电子标签、识读设备、ONS 和互联网等组成的 EPC 系统中，通过识读设备读取电子标签中的 EPC 代码，然后将 EPC 代码传给查询服务器，接着查询服务器通过产品编码联网，由 ONS 解算器解算出产品编码传给 ONS 服务器，ONS 服务器再通过 IPV4/IPV6 路由器连接到互联网进行产品域名查询，在互联网上通过 DNS 服务器查询到产品域名地址（IP 地址）后，返回给 ONS 服务器，ONS 服务器把 IP 地址转换成名称权威指针（Naming Authority Pointer，NAPTR）资源记录，ONS 解算器从中得出信息服务器地址，最后查询服务器就可通过该地址直接与信息服务器建立连接，并从中获取存放的物品详细信息。

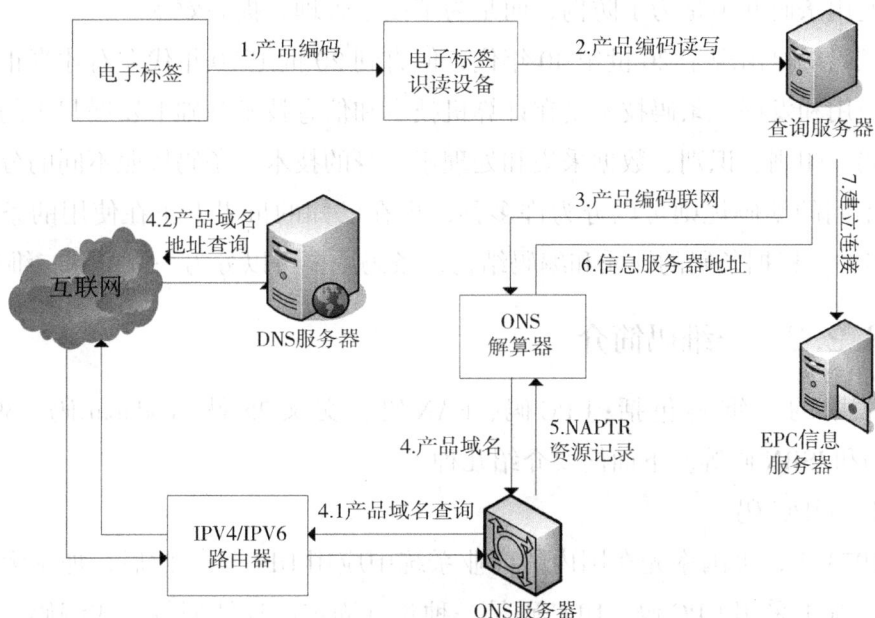

图 3-1 EPC 工作流程

3.2 条码

3.2.1 条码的概述

EPC 并没有对其信息载体进行任何限制，现在有飞速发展起来的射频技术，也有成熟的条码技术，将来还会有其他更先进的自动识别技术为 EPC 服务，因此信息载体将不会是固定不变的。

条码 (Bar Code) 是一种标识符，它按照一定的编码规则将宽度不等的多个黑条和空白进行排列，用来表达一串代码或一组信息。常见的条码是由光线反射率较低的黑条（简称条）和光线反射率较高的白条（简称空）组成的平行线图案。这些条和空组成的图形表达一定的信息，并能够被特定的设备识别，转换成与计算机兼容的十进制或二进制格式。例如，每本书的封底上，会有一个条码，使用条码阅读器读入这个条码信息后，可以将信息转化为计算机所能识别的数据，通过识别的数据，我们就可以在数据库中查找该书的相关信息，如书名、作者、出版社和出版时间等。通常对于每一种物品，它的编码是唯一的，使用条码并不是为了防伪，而是为了便于管理、提高效率。

条码最早出现于20世纪40年代，但直到20世纪70年代左右才真正得到实际应用和发展。条码技术是在计算机技术和信息技术基础上发展起来的一门集编码、印刷、识别、数据采集和处理于一身的技术。条码按照不同的分类方法、不同的编码规则可以分为许多种，现在已知的世界上正在使用的条码有250多种。根据条码的性质和编码结构，条码主要可以分为一维码和二维码。

3.2.2 一维码简介

常用的一维码包括：UPC码、EAN码、交叉25码、codabar码、39码、128码和ISBN码等。下面简要介绍几种。

1．UPC码

1973年，美国率先在国内的商业系统中应用UPC码。此后，加拿大也在商业系统中采用UPC码。UPC码是一种长度固定的连续型数字式编码，其字符集为数字0～9。它采用四种元素宽度，每个条或空是1、2、3或4倍单位元素宽度。UPC码有两种类型：UPC-A码和UPC-E码。

2．EAN码

1977年，欧洲经济共同体各国按照UPC码的标准制定了欧洲物品编码EAN码，与UPC码兼容，而且两者具有相同的符号体系。EAN码的字符编码结构与UPC码相同，也是长度固定的、连续型的数字式编码，主要应用于商品标识。EAN码又有标准版（EAN-13）和缩短版（EAN-8）两种类型。

3．交叉25码

交叉25码是一种长度可变的连续型自校验数字式码制，其字符集为数字0～9。每个条和空采用宽或窄两种元素宽度。编码字符个数为偶数，所有奇数位置上的数据用条编码，偶数位置上的数据用空编码。如果数据编码数位为奇数，则在数据前补一位0，使数据数位为偶数。交叉25码主要应用于物流业、仓储业。

4．codabar码

codabar码是一种长度可变的连续型自校验数字式码制。其字符集为数字0～9和6个特殊字符“+”“-”“/”“:”“.”“$”，共16个字符。主要应用于包裹、血库等物品的跟踪管理。

5. 39码

39码是一种长度可比的离散型自校验字母数字式码制。其字符集为数字0～9,26个大写英文字母A～Z,8个特殊字符"+""-""*""/""%""$"".",以及空格符(Space)。每个字符由5个条(2个宽条，3个窄条)和4个空(1个宽空，3个窄空)，共9个元素组成。39码可以作为企业内部自定义码制，主要应用于工业生产等领域。

一维码一般由前缀部分、厂商代码、商品代码和校验码组成，以EAN-13码为例，它由13位数字组成，如图3-2所示。前缀码是用来标识国家或地区的代码，赋码权在国际物品编码协会，如00～09代表美国、加拿大。45～49代表日本。690～695代表中国大陆，471代表中国台湾地区，489代表中国香港特别行政区。商品代码用来标识商品，赋码权由产品的制造厂商自己行使，厂商按照规定条件自己决定在自己的何种商品上使用哪些数字为商品条形码。厂商代码用来标识生产企业，各个国家或地区的物品编码组织负责管理和维护各自的厂商代码。校验码用来校验商品条形码中左起第1—12位数字代码的正确性。

图3-2　EAN-13码示意

一维码的应用非常广泛，但是信息容量很小，如商品上的EAN-13码仅能容纳13位的阿拉伯数字，描述商品的详细信息只能依赖数据库的支持，离开了预先建立的数据库，这种条码就变成了无源之水、无本之木，因而一维码的应用范围受到一定的限制。

3.2.3　二维码简介

我们日常在各种商品外包装上见到的条形码，是普通的一维码，也就是传统条码。二维码（2-Dimensional Bar Code）则是在一维码无法满足实际应用需求的前提下产生的，与一维码相比，在同样单位的面积上，信息含量是一维码的近百倍，它除了可以存放数字，还可以存放其他数字化的信息，如汉字、图片、声音等，并可脱离计算机使用。

二维码是用某种特定的几何图形按一定规律在平面（二维方向上）分布的黑白相间的图形记录数据符号信息；在代码编制上巧妙地利用构成计算机内部逻辑基础的"0""1"比特流的概念，使用若干个与二进制相对应的几何形体来表示文字数值信息，通过图像输入设备或光电扫描设备自动识读以实现信息自动处理。二维码能够在横向和纵向两个方位同时表达信息，因此能在很小的面积内表达大量的信息。二维码同样具有条码的一些共性：每种码制有其特定的字符集；每个字符占有一定的宽度；具有一定的校验功能等。

国外对二维码技术的研究始于20世纪80年代末。在二维码符号表示的技术研究上，已研制出多种码制，全球现有的一、二维码多达250种以上，其中常见的有PDF417，QRCode，Code49，Code16K，Maxicode等20余种。二维码技术标准在全球范围得到了应用和推广。中国的条码产业起步较晚，首先采取了先引进国外技术的策略。我国原有的二维码国家标准是从美国PDF417码和日本的QR码翻译过来的，首先以国际自动识别制造商协会(AIMI)发布的《PDF417规范》为基础，1997年12月正式颁布了由中国物品编码中心负责编制的国家标准《四一七条码》(GB/T 17172-1997)，2000年12月颁布了基于日本QRCode的国标《快速响应矩阵码》(GB/T 18284—2000)。随着国内技术的不断创新，我国自主二维码技术也已开始出现。

二维码能在有限的几何空间内印刷大量的信息。根据实现原理、结构形状的差异，二维码可分为层排式二维码（又称行排式二维码或堆积式二维码）和矩阵式二维码((又称棋盘式二维码))两大类型。层排式二维码形态上是由多行短截的一维码堆叠而成；矩阵式二维码以矩阵的形式组成，在矩阵相应元素位置上用"点"表示二进制"1"，用"空"表示二进制"0"，由"点"和"空"排列成代码。

1. 层排式二维码

层排式二维码的编码原理是建立在一维码基础之上，按需要堆积成两行或多行。它在编码设计、校验原理、识别方式等方面继承了一维码的一些特点，识读设备和印刷与一维码技术兼容。但由于行数的增加，需要对行进行判定，其译码算法与软件也不完全和一维码相同。有代表性的行排式二维条码有 PDF417、Code16K、Code49 等。堆积式或层排式二维码可以使用激光或 CCD 阅读器识读。

（1）PDF417：是美国 Symbol 技术公司发明的二维条码，发明人是我国台湾留美华人王寅君 (音) 博士（见图 3-3）。PDF 取自英文 Portable Data File 三个单词的首字母，意为"便携数据文件"。因为组成条码的每一符号字符都是由 4 个条和 4 个空共 17 个模块构成，所以称为 PDF417 条码。PDF417 是一种多层、可变长度、具有高容量和纠错能力的二维条码。每一个 PDF417 符号可以表示 1100 个字节或 1800 个 ASCII 字符或 2700 个数字的信息。

图 3-3　PDF417 条码

（2）Code16K：是一种多层、连续型可变长度的条码符号，可以表示全 ASCII 字符集的 128 个字符及扩展 ASCII 字符。一个 16 层的 Code16K 条码，可以表示 77 个 ASCII 字符或 154 个数字字符。其编码原理是建立在一维条码基础之上，按需要堆积成二行或多行。它在编码设计、校验原理、识读方式等方面继承了一维条码的一些特点，识读设备和条码印刷与一维条码技术兼容。但由于行数的增加，需要对行进行判定、其译码算法与软件也不完全相同于一维条码（见图 3-4）。

图 3-4　Code16K 条码

（3）Code49：是一种多层、连续型、可变长度的条码符号，它可以表示全部的 128 个 ASCII 字符。每个 Code49 条码符号由 2 到 8 层组成，每层有 18 个条和 17 个空。层与层之间由一个层分隔条分开。每层包含一个层标识符，最后一层包含表示符号层数的信息。

2. 矩阵式二维码

矩阵式二维码是在一个矩形空间通过黑、白像素在矩阵中的不同分布进行编码。在矩阵相应元素位置上，用点（方点、圆点或其他形状）的出现表示二进制的"l"，不出现表示二进制的"0"，点的排列组合确定了矩阵式二维码所代表的意义。矩阵式二维码是建立在计算机图像处理技术和组合编码原理等基础上的一种新型图形符号自动识读处理码制。具有代表性的矩阵式二维码有 QRCode、Maxicode、T-code 等。

（1）QRCode：是由日本 Denso 公司于 1994 年 9 月研制的一种矩阵式二维码，QRCode 是英文单词"Quick Response"的缩写，即快速反应的意思，源自该条码的发明者希望 QR 码可让其内容快速被解码。它除了具有二维码所具有的信息容量大、可靠性高和可表示汉字及图象多种信息外，还具有保密和防伪性特点，且在识别时不需要像普通条码一样在扫描时需直线对准扫描器（见图 3-5）。

图 3-5　QRCode 二维码

（2）Maxicode：是一种中等容量、尺寸固定的矩阵式二维码，它由紧密相连的六边形元素和位于符号中间位置的定位图形所组成。Maxicode 二维码是由美国联合包裹运送服务 (UPS) 公司研制的，特别为高速扫瞄而设计，主要应用于包裹的分拣和跟踪（见图 3-6）。

图 3-6　Maxicode 二维码

　　除了上面介绍的这些二维码之外，还有 CP 码、田字码、Vericode 码、CodablockF 码、Ultracode 码、Aztec 码、彩码等。

3.2.4　条码的特点

　　条码是迄今为止最经济、实用的一种自动识别技术。

　　1．普通条码的特点及优势

　　（1）可靠性强。使用键盘人工输入平均每 300 个字符就会出现一个错误，条形码的读取准确率远远超过人工记录，平均每 15000 个字符才会出现一个错误。如果加上校验位，出错率是千万分之一。

　　（2）效率高。一名熟练的打字员每分钟可以输入 300 个字符，平均每秒 5 个字符。使用条码进行读取，可以达到每秒 40 个字符。

　　（3）成本低。与其他自动识别技术相比，条码技术只需要一张小贴纸和相对构造简单的光学扫描仪即可实现，所需成本较低。

　　（4）灵活实用。条码作为一种识别手段可以和有关设备组成识别系统实现自动化识别，还可和其他控制设备连接起来实现整个系统的自动化管理。即使在没有自动识别设备的情况下，也可实现手工键盘输入。

　　（5）操作简单。条码符号识别设备的结构简单、易于操作，无须专门培训。

　　（6）制作方便。条码编写简单，通过印刷就可以制作，对印刷设备和材料也没有特殊要求。因此，被称作"可印刷的计算机语言"。

　　2．二维码的特点及优势

　　（1）信息量大。可容纳多达 1000 多个字母或 2000 多个数字或 500 多个汉字，比普通一维码信息容量高出近百倍。

（2）编码范围广。可以把文字、图片、声音和指纹等可以被数字化的信息进行编码，用二维码表示出来，可以表示多种语言文字，也可以表示图像数据。

（3）纠错能力强。可以正确识读出因穿孔、污损等引起局部损坏的二维码，损毁面积达到 50% 仍可恢复信息。

（4）可靠性高。它比普通条码译码错误率 $1 \times 10{-}6$ 还要低得多，二维码误码率不超过 1×10^{-7}。

（5）安全性强。可引入加密措施，保密性和防伪性好。

（6）形状可变。二维码符号形状、尺寸大小比例可变。

3．一维码与二维码的区别

一维码和二维码都属于条码，一维码只是在一个方向（一般是水平方向）表达信息，而在垂直方向则不表达任何信息，二维码是在水平和垂直方向的二维空间存储信息。一维码的主要特点是简单直观，条码表示的信息与其下方的数字一致，生成设备与识读设备品种多、价格低，对生成设备要求不高，管理方案众多且成熟。二维码的主要特点是信息容量大、安全性强（可加密）、识别率高、编码范围广等。具体比较如表 3-6 所示。一维条码通常是对物品的标识，而二维条码是对物品的描述。

表 3-6　一维码和二维码对比

名称	一维码	二维码
存储数据量	英文、数字、简单符号	英文、数字、符号、中文、图形
信息密度	低	高
显示内容	小	大
安全性	不强	强（可加密）
访问数据库	需要	不需要
用途	标识物品	标识和描述物品（携带信息）
识别速度	快	慢
识别设备成本	低	高

3.2.5 条码的识别

1. 条码的识别原理

要将按照一定规则编译出来的条码转换成有意义的信息，需要经历扫描和译码两个过程。物体的颜色是由其反射光的类型决定的，白色物体能反射各种波长的可见光，黑色物体则吸收各种波长的可见光，所以当条码扫描器光源发出的光在条码上反射后，反射光照射到条码扫描器内部的光电转换器上，光电转换器根据强弱不同的反射光信号，转换成相应的电信号。根据原理的差异，扫描器可以分为 CCD、激光和光笔三种。电信号输出到条码扫描器，经过放大电路增强信号之后，再送到整形电路将模拟信号转换成数字信号。白条、黑条的宽度不同，相应的电信号持续时间长短也不同。然后译码器通过测量脉冲数字电信号 0 和 1 的数目来判别条和空的数目。通过测量 0 和 1 信号持续的时间来判别条和空的宽度。此时所得到的数据仍然是杂乱无章的。要知道条码所包含的信息，则需根据时应的编码规则（如 EAN-13 码），将条形符号换成相应的数字或字符信息。最后，由计算机系统进行数据处理，物品的详细信息便被识别了。

2. 条码的扫描

条码的扫描需要扫描器，扫描器利用自身光源照射条码，再利用光电转换器接受反射的光线，将反射光线的明暗转换成数字信号。不论是采取何种规则印制的条码，都由静区、起始符、数据符与终止符组成。有些条码在数据字符与终止字符之间还有校验字符。如图 3-7 所示。

图 3-7 条码的组成结构

（1）静区：也叫空白区，分为左空白区和右空白区，左空白区是让扫描设备做好扫描准备；右空白区是保证扫描设备正确识别条码的结束标记。

为了防止左右空白区（静区）在印刷排版时被无意中占用，可在空白区加印一个符号（左侧没有数字时加印"<"号，右侧没有数字时加印">"号），这个符号就叫静区标记。其主要作用就是防止静区宽度不足。只要静区宽度能保证，有没有这个符号都不影响条码的识别。

（2）起始符：第一位字符，具有特殊结构，当扫描器读取到该字符时，便开始正式读取代码了。

（3）数据符：条码的主要内容。

（4）校验符：检验读取到的数据是否正确。不同的编码规则可能会有不同的校验方法。

（5）终止符：最后一位字符，一样具有特殊结构，用于告知代码扫描完毕，同时还可以起到进行校验计算的作用。

为了方便双向扫描，起始符和终止字符具有不对称结构，因此扫描器扫描时可以自动对条码信息重新排列。

3. 条码的识别设备

条码的识别设备也称作条码阅读器，是一种特殊的电脑输入设备，可以通过键盘接口或串行口与计算机相连。条码扫描器有 CCD、激光和光笔三种。

（1）CCD：是以 CCD 作为光电转换器，LED 作为发光光源的扫描器。在一定范围内，可以实现自动扫描。并且可以阅读各种材料、不平表面上的条码，成本也较为低廉。但是与激光式扫描器相比，扫描距离较短。

（2）激光：是以激光作为发光源的扫描器，又可分为线型和全角度等几种。其中线型多用于手持式扫描器，范围广、准确性高。全角度多为卧式，自动化程度高，在各种方向上都可以自动读取条码。

（3）光笔：最原始的扫描方式，需要手动移动光笔，并且还要与条码接触。

4. 二维码的识别

二维码的识别有两种方法：一种是通过线型扫描器逐层扫描进行解码；另一种是通过图像处理对二维码进行解码。对于层排式二维码，可以采用上述两种方法识读，但对绝大多数的矩阵式二维码则必须用照相方法识读，例如使用摄像头或扫描器。

二维码的识别设备根据识别原理的不同可分为：

（1）线性 CCD 和线性图像式阅读器 (Linear Imager)。可阅读一维码和线性层排式二维码（如 PDF417 码），在阅读二维码时需要沿条码的垂直方向扫过整个条码，我们称为"扫动式阅读"。这类阅读器比较便宜。

（2）带光栅的激光阅读器。可阅读一维码和线性层排式二维码。阅读二维码时将光线对准条码，由光栅元件完成垂直扫描，不需要手工扫动。

（3）图像式阅读器 (Image Reader)。采用面阵 CCD 摄像方式将条码图像摄取后进行分析和解码，可阅读一维码和所有类型的二维码。

二维码的识别设备根据工作方式的不同可分为：

（1）手持式：即二维码扫描枪。可以扫描 PDF417 码、QR 码、DM 码二维码的条码扫描枪，比如 Symbol 的 DS6707、DS6708 等。

（2）固定式：即二维码读取器，台式，非手持，放在桌子上或固定在终端设备里，比如 SUMLUNG 的 SL-QC15S 等。

纸上印刷的二维码和手机屏幕上的二维码均可识别，因此广泛应用于电子票务、电子优惠券、会员系统、手机二维码等领域。

3.2.6　条码的应用

在应用方面，一维码已经广泛应用在商业、邮电、仓储、运输等许多领域。应用最广泛、最为人们熟悉的还是通用商品流通销售领域的 POS（Point of Sale）系统，也称为销售终端或扫描系统。世界各国已经普遍采用 POS 系统，其普及率已达 95% 以上。

相比之下，二维码是相对较新的技术，主要应用于信息和价值流通领域，即需要对物品的特征属性进行描述的领域。在该领域，由于用普通的一维码无法实现信息的属性描述功能，因此必须采用二维码或 RFID 技术。与二维码相比，RFID 成本较高且安全性存在缺陷。目前，二维码正在广泛应用或即将开始应用于工业和农业产品的溯源、车辆管理、票证管理、支付应用（如电子回执）、资产管理及生产流程管理等多项领域。

1. 票证服务

以最常见的火车票为例，在 2010 年之前，使用的都是一维码，从 2009 年 12 月 10 日开始，全国铁路车票由一维码变成二维码（见图 3-8），采用二维码的火车票具有防伪功能，仪器自动识别真假。基于二维码的票证服务，与一维码相比能够记录更多信息，而且具备更高的安全性，国际航协 (IATA) 已于 2010 年年底前全部应用二维码技术，其主要目的是在移动终端上实现基于二维码技术的登机手续。目前，我国各航空公司均采用了二维码登机牌，以达到国际航协的要求。

2．产品溯源

以食品生产为例，食品的生产和流通过程中的二维码应用主要包括以下三个环节：

（1）原材料信息录入与核实：原材料供应商在向食品厂家提供原材料时，将原材料的原始生产数据（如制造日期、食用期限、原产地、生产者、有无遗传基因组合、使用的药剂等信息）录入二维码中并打印带有二维码的标签，粘贴在包装箱上后提供给食品厂家。

（2）生产配方信息录入与核实：根据生产配方进行分包的原材料上粘贴带有二维码的标签，其中含有原材料名称、重量、投入顺序、原材料号码等信息。

（3）成品信息录入与查询：在原材料投入后的各个检验工序，使用数据采集器录入检验数据；将数据采集器中记录的数据上传到电脑中，生成生产原始数据，使用该数据库，在互联网上向消费者公布产品的原材料信息。

第4章 射频识别技术

本章重点

◎ 了解射频识别技术的概念和基本原理

◎ 了解射频识别技术的应用

◎ 了解射频识别技术的现状和前景

4.1 RFID 概述

射频识别技术是一种非接触的自动识别技术，其利用了射频信号或空间耦合（电感或电磁耦合）传输特性的基本原理，通过无线射频方式实现非接触双向数据通信，识别并获取目标的相关数据，在非接触条件下，具有实时、准确、快速采集与处理信息的特性，被公认为21世纪十大重要技术之一。通过该技术可以实现对物体或商品的自动识别。相比较其他的自动识别技术（条码技术、光学识别技术和生物识别技术，包括虹膜、面部、声音和指纹等），RFID 技术具有非视觉范围读写、寿命长、信息量大和抗干扰能力强等优点，并且已经被广泛应用于物流、供应链、动物和车辆识别、门禁系统、图书管理、自动收费、生产制造和无线定位等领域，大幅度提高了管理与运作效率，降低了成本。随着相关技术的不断完善、发展和成熟，RFID 产业将成为一个新兴的高技术产业群。

4.1.1 RFID 发展历史

RFID 技术起源于第二次世界大战时期的飞机雷达探测技术，雷达技术的改进与应用催生了 RFID 技术。1948年，Harry Stockman 发表的论文"利用反射功率的通讯"奠定了射频识别的理论基础。此后的半个多世纪，RFID 的发展经历了以下几个主要阶段：

（1）20世纪五六十年代，早期 RFID 技术的探索阶段，主要处于实验室研究与试验，RFID 技术理论得到了发展，开始了一些应用尝试。

（2）20世纪七八十年代，RFID 技术终于走出实验室进入应用阶段，RFID 技术与产品得到了很大的发展，各种 RFID 技术测试加速发展，RFID 技术及产品具备一定商业应用规模，封闭系统应用开始成型。

（3）20世纪九十年代至今，RFID 技术开始进入标准化，基于该项技术的产品逐渐走入人们的生活。RFID 技术不断进步、相关产品及应用系统逐渐成熟，RFID 以一种快速、高效、非接触的方式实现数据采集、处理，与应用系统相结合实现多种功能，满足了多种应用需求。

作为21世纪十大重要技术之一，RFID 广泛应用于交通运输控制管理、商业自动化、防伪、工业自动化和门禁管理等众多领域，均有成功案例及成熟方案。世界零售业巨头沃尔玛宣布使用 RFID 系统管理货物和美国将 RFID 应用于国防和军事管理并取得成功后，RFID 的发展在世界范围内受到了更广泛的关注，同时，诸如射频定位技术、RFID 中间件、系统防碰撞和安全防护等 RFID 相关技术的成熟与发展，也为 RFID 系统应用提供了更加宽泛的思路，充分体现了 RFID 技术的应用价值和发展潜力。

4.1.2   RFID 系统的特点

非接触识别是 RFID 技术最大的优点，无须人工干预就可以完成识别工作，通过射频信号自动识别目标对象，并获取目标中的相关数据，适用于自动化系统。概括起来，RFID 技术主要具有以下特点：

● 识别精度高且不需要光源，甚至可以透过外部材料读取数据，可快速准确地识别物体。

● 采用无线电射频，能够同时处理多个标签，可绕开障碍物，可工作于恶劣的环境中。

● 可以写入及存取数据，标签的内容可以动态改变。

● 标签能够轻易嵌入或附着在不同形状、类型的产品上，而且可以对 RFID 标签附着的物体或佩戴标签的人员进行追踪定位。

● 储存的信息量大且所存信息可加密保存，是一般条形码存储信息量的几十倍，甚至上百倍。

4.1.3　RFID 三大标准体系简介

目前 RFID 技术存在三大标准体系，它们分别是：国际标准化组织的 ISO、以美国为首的 EPCGlobal、日本的 UID（Ubiquitous ID），并在全球积极推广这些标准。

1. ISO 标准体系

RFID 国际标准是由国际标准化组织（ISO) 以及其他国际标准化机构如国际电工委员会、国际电信联盟等主要机构联合制定的。大部分 RFID 标准都是由 ISO（或与 IEC 联合组成）的技术委员会 (TC) 或分技术委员会 (SC) 制定的。

RFID 领域的 ISO 标准可以分为以下四大类：

- 技术标准（如射频识别技术、IC 卡标准等）；
- 数据内容与编码标准（如编码格式、语法标准等）；
- 性能与一致性标准（如测试规范等标准）；
- 应用标准（如船运标签、产品包装标准等）；

2. EPCGlobal 标准体系

2003 年 9 月由美国统一代码协会和国际物品编码协会联合成立的非盈利性组织——EPCGlobal，其宗旨是以创建"物联网"为自己的使命。为实现这个目标，该中心将与众多成员企业共同制订一个统一的、类似于 Internet 的开放技术标准，以便能够在现有计算机互联网的基础上，实现商品信息的交换与共享。EPCGlobal 标准体系旗下有沃尔玛、英国 TESCO 等 100 多家欧美的零售流通企业，同时有 IBM、微软、飞利浦、Auto-IDLab 等公司提供技术研究支持。

EPCGlobal 致力于建立一个在遵循该公司制定的技术规范前提下，向全球电子标签用户提供标准化服务的 EPCGlobal 网络。目前 EPCGlobal Network 技术规范 1.0 版给出了所有的系统定义和功能要求，在加拿大、日本、中国等国 EPCGlobal 都已建立了分支机构，专门负责 EPC 码段在这些国家的分配与管理、EPC 相关技术标准的制定、EPC 相关技术在当地的宣传普及及推广应用等工作。EPC 编码、EPC 标签及读写器、EPC 中间件、ONS 服务器和 EPC 信息服务器等部分构成了 EPCGlobal 提出的"物联网"体系架构。

3. UID 标准体系

UID 标准体系由日本经济产业省牵头，主要是由日本厂商组成的 Ubiquitous ID Center（泛在识别中心），目前有日本电子厂商、信息企业和印刷公司等达 300 多家参与。Ubiquitous ID Center 实际上就是日本有关电子标签的标准化组织。泛在识别码(ucode)、信息系统服务器、泛在通信器和 ucode 解析服务器构成了 Ubiquitous ID Center 的泛在识别技术体系架构。ucode 是赋予现实世界中任何物理对象的唯一识别码，具备 128 位的充裕容量，而且能够以 128 位为单元进一步扩展至 256、384 或 512 位，能包容现有编码体系的元编码设计并可以兼容多种编码，这是 ucode 的最大优势。ucode 标签具有包括条码、射频标签、智能卡、有源芯片等在内的各种形式，泛在识别中心将标签进行分类，设立 9 个级别的不同认证标准。泛在识别技术体系中与 ucode 相关的各种信息都是由信息系统服务器存储并提供的。

在查询过程中，确定与 ucode 相关的信息存放在哪个信息系统服务器上是由 ucode 解析服务器来完成的。ucode 解析服务器的通信协议为 ucodeRP 和 eTP 两种，其中 eTP 是基于 eTron(PKT）的密码认证通信协议。泛在通信器主要由 IC 标签、标签读写器和无线广域通信设备等部分构成，它能够把读到的 ucode 送至 ucode 解析服务器，而且可以从信息系统服务器获得有关信息。网络和应用安全问题得到了 Ubiquitous ID Center 的关注和重视。针对未来可能出现的安全问题如截听和非法读取等，其节点进行信息交换时需要相互认证，而且通信内容是加密的，以避免非法阅读。

日本 UID 标准和欧美 EPC 标准解决问题的思路在大体层面上是一致的，主要涉及产品电子编码、RFID 系统及信息网络系统三个部分。但在使用的无线频段、信息位数和应用领域等方面有许多不同点。比如，日本的电子标签采用的频段为 2.45GHz 和 13.56MHz，而欧美的 EPC 标准采用 902 ～ 928MHz 的 UHF 频段；日本的电子标签的信息位数为 128 位，EPC 标准的位数则为 96 位；等等。在 RFID 技术的普及战略方面，UIDCenter 致力于 RFID 技术在人类生产和生活的各个领域中的广泛应用，通过丰富的应用案例来推进 RFID 技术的普及；EPCGlobal 则将应用领域局限在物流领域，更着眼于成功的大规模应用。

4.2　RFID 系统组成

一个典型的 RFID 系统无论是复杂的还是简单的，都包含硬件组件和软件组件。一般情况下，RFID 系统的硬件组件有电子标签、读写器、读写器天线、主机；软件组件主要有接口软件、中间件和应用软件。

4.2.1　RFID 系统的硬件

RFID 系统的硬件模型如图 4-1 所示。其中，电子标签也称为射频标签、电子标签、数据载体；读写器也称为读出装置、扫描器、读头、通信器、读写器（取决于电子标签是否可以无线改写数据）；电子标签与读写器之间通过耦合元件实现射频信号的空间（无接触）耦合，在耦合通道内，根据时序关系，实现能量的传递和数据的交换。

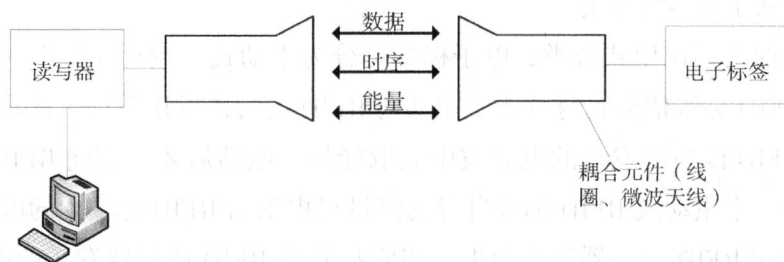

图 4-1　RFID 系统硬件组成

1. 电子标签

电子标签 (Electronic Tag) 是 RFID 系统中存储数据和信息的电子装置，由耦合元件（天线）及芯片（包括控制模块和存储单元）组成，每个标签由唯一的电子标示码确定，附着在被标识的对象上，内置的射频天线用于和读写器进行通信。

（1）电子标签的功能结构

通常电子标签的内部各功能模块主要包括存储单元、逻辑控制单元、调制器、解调器、电源控制／整流器模块和天线。

作为电子标签存储单元的 EEPROM 与 ROM 为系统运行及存放识别数据提供存储位置，其寻址能力就是地址读写范围，不同的分块可以存储不同的数据类型。近年来随着技术的进步，可以将小规模的微芯片做得很小，然而，一个标签的物理尺寸不仅取决于它的芯片的大小，还与其天线有关。

逻辑控制单元负责标签和读写器之间通信协议的实施，译码读写器送来信号，并依据信号中的要求回送数据给读写器。

调制器的功能是调制逻辑控制电路送出的数据后加载到天线发送给读写器。

解调器负责从读写器发射来的载波中取出真正的调制信号。

电源控制／整流器模块把由标签读写器发出的天线电磁波交流信号经过整流转换为直流电源，并经大电容储存能量，再经稳压电路以提供稳定的电源。

标签天线是电子标签与读写器的空中接口，负责接收由读写器发送来的信号，并把要求的数据发送回读写器。不管是何种电子标签读写设备均少不了天线或耦合线圈。

（2）电子标签的分类

①按标签工作模式分类，电子标签可分为主动式、被动式与半主动式等。主动式 RFID 标签依靠自身的能量主动向 RFID 读写器发送数据。被动式 RFID 标签从 RFID 读写器发送的电磁波中获取能量，激活后才能够向 RFID 读写器发送数据。半主动式 RFID 标签自身的能量只提供给 RFID 标签中的电路使用，并不主动向 RFID 读写器发送数据，当它接收到 RFID 读写器发送的电磁波并被激活之后，才向 RFID 读写器发送数据。

②按供电方式分类，电子标签可分为有源标签和无源标签。有源标签有内置电池供电，通常具有较远的通信距离，但寿命有限（取决于电池的供电时间）、体积较大、价格相对较高，且不适合在恶劣环境中工作，主要应用于对贵重物品远距离检测以及人员定位等场合。无源标签不带电池，其所需能量由读写器所产生的电磁波提供，价格相对便宜，但其作用距离、存储容量等受到能量来源及生产成本限制，一般用于低端的 RFID 系统。

③按标签工作频率分类。电子标签可分为低频、中高频、超高频与微波等类型。电子标签的工作频率是 RFID 系统最重要的指标之一，电子标签的工作频率不仅决定着 RFID 系统工作原理、识别距离，还决定着电子标签及读写器实现的难易程度和设备的成本。不同频段或频点上的电子标签具有不同的特点。RFID 应用占据的频段或频点在国际上有公认的划分。典型的工作频率

有：125kHz、133kHz、13.56MHz、27.121MHz、433MHz、900MHz、2.45GHz
和 5.8GHz 等。

● 低频电子标签：工作频率在 30 ～ 300kHz，典型工作频率为 125kHz 与
133kHz。低频标签一般为无源标签，其工作能量通过电感耦合方式从读写器
耦合线圈的辐射近场中获得。低频标签与读写器之间传送数据时，低频标签
需位于读写器天线辐射的近场区内。低频标签的阅读距离一般情况下小于 1m。
标签芯片通常采用普通的 CMOS 工艺，具有省电、廉价的特点；工作频率不受
无线电频率管制约束；可以穿透水、有机组织和木材等；但低频标签只适合识
别距离近、低速、存储数据量较少的应用。

● 中高频电子标签：工作频率在 3 ～ 30MHz，典型工作频率为 13.56MHz。
该频段的电子标签，从 RFID 应用角度来说，因其工作原理与低频标签完全相
同，即采用电感耦合方式工作。此类电子标签一般也采用无源方式，其工作能
量同低频标签一样，也是通过电感（磁）耦合方式从读写器耦合线圈的辐射近
场中获得。标签与读写器进行数据交换时，标签必须位于读写器天线辐射的近
场区内。中频标签的阅读距离一般情况下也小于 1m（最大读取距离为 1.5m）。
高频标准的基本特点与低频标准相似，随着其工作频率的提高，可以选用较高
的数据传输速率。

● 超高频与微波电子标签：简称微波电子标签，超高频与微波 RFID 标签
的典型工作频率为 860 ～ 960MHz、2.45GHz 与 5.8GHz，欧洲、亚洲使用的典
型工作频率为 868MHz，北美使用的典型工作频率为 902 ～ 905MHz，日本使
用的典型工作频率为 950 ～ 956MHz。采用纽扣电池供电的有源微波 RFID 工
作频率可以选择 2.45GHz 或 5.8GHz。

微波电子标签可分为有源标签与无源标签两类。工作时，电子标签位于
读写器天线辐射场的远区场内，读写器天线辐射场为无源标签提供射频能量，
或将有源标签唤醒。相应的 RFID 系统阅读距离一般大于 1m，典型情况为
4 ～ 7m，最大可达几百米以上。读写器天线一般均为定向天线，只有在读写
器天线定向波束范围内的电子标签方可被读写。

由于阅读距离的增加，应用中有可能在通信区域中同时出现多个电子标签
的情况，从而提出了多标签同时读取的需求。目前，先进的 RFID 系统均将多
标签识读问题作为系统的一个重要特征。就技术水平来说，这个频段的无源标

签比较成功的产品相对集中在 902 ～ 928MHz 工作频段上。2.45GHz 和 5.8GHz
射频识别系统多以半无源及有源标签产品面世。

④按功能分类，电子标签可分为只读式和读写式。只读 RFID 标签中的数
据信息不能更改，但通常可以多次读取，而读写式标签允许用户根据需要更改
已经写入标签中的数据。

⑤按作用距离分类，电子标签可分为密耦合卡 (作用距离小于 1cm)、近耦
合卡 (作用距离小于 15cm)、疏耦合卡 (作用距离约 1m) 和远距卡（作用距离
为 1 ～ 10m，甚至更远)。

⑥按标签封装的形状分类。根据应用场合、成本与环境等因素的影响，把
RFID 标签封装成可以粘贴在标识物上的薄膜型的可粘贴式标签，可以让用户
携带，类似于信用卡的卡式标签，能够固定在车辆或集装箱上的柱型标签；还
可以封装在塑料扣中，作为动物耳标的扣式标签，或封装在钥匙扣中，作为
用户随身携带的身份标识；也可以封装在玻璃管中，用于人或动物，即植入式
标签。

系统工作时，读写器发出查询（能量）信号，标签（无源）在收到查询（能
量）信号后将其一部分整流为直流电源供电子标签内的电路工作，另一部分能
量信号被电子标签内保存的数据信息调制并反射回读写器。

RFID 系统真正的数据载体是电子标签，根据其标签应用场合不同表现为
不同的应用形态，如在动物跟踪和追踪领域中称为动物标签或动物追踪标签、
电子狗牌；在不停车收费或车辆出入管理等车辆自动识别领域中称为车辆远距
离 IC 卡、车辆远距离射频标签或电子牌照；在访问控制领域中称为门禁卡或
一卡通。

2．读写器

读写器在 RFID 系统中主要负责与电子标签的双向通信，同时接受来自主
机系统的控制指令。读写器的频率决定了 RFID 系统工作的频段，功率决定了
射频识别的有效距离。读写器根据使用的结构和技术不同可以是读或读 / 写装
置，是 RFID 系统信息控制和处理中心。当电子标签进入读写器作用区域时，
接收读写器发出的射频信号，如果是无源标签或被动标签（Passive Tag）则凭
借感应电流所获得的能量发送出存储在芯片中的产品信息，如果是有源标签或
主动标签（Active Tag）则主动发送某一频率的信号；读写器读取信息并解码后

送至中央信息系统进行有关数据处理。

（1）读写器的功能模块结构

读写器通常由射频接口、逻辑控制单元和天线三部分组成。

射频接口模块负责对发射信号进行调制、将数据传输给电子标签、接收并解调来自电子标签的射频信号、产生高频发射能量、激活电子标签并为其提供能量。在射频接口中有两个分隔开的信号通道，分别用于电子标签与读写器两个方向的数据传输。传送往电子标签的数据通过发射器分支通道发射，而来自于电子标签的数据则通过接收器分支通道接收。

RFID 读写器逻辑控制单元也称为读写模块，主要负责信号的编码与解码、管理读写器与电子标签的通信、与应用系统软件进行通信，并执行其发送来的指令。对读写器和标签的身份进行认证，执行防碰撞算法，对读写器和标签之间传输的数据进行加解密处理。

（2）读写器的分类

按传送方向分，RFID 读写器可以分为全双工和半双工。全双工方式是指 RFID 系统工作时，允许标签和读写器在同一时刻双向传送信息。半双工方式是指 RFID 系统工作时，在同一时刻仅允许读写器向标签传送命令、信息或标签，向读写器返回信息。

按通信方式分，RFID 读写器可以分为读写器优先和标签优先两类。读写器优先（Reader Talk First，RTF）是指读写器首先向标签发送射频能量和命令，标签只有在被激活且收到完整的读写器命令后，才对读写器发送的命令做出响应，返回相应的数据信息。标签优先（Tag Talk First，TTF）是指读写器只发送等幅的、不带信息的射频能量。标签被激活后，才反向散射标签数据信息。

根据读写器的应用场合，RFID 读写器可以分为工业读写器、手持式读写器、固定式读写器、红外读写器和读卡器等。

①工业读写器。RFID 系统未来最大的应用领域也许是工业应用，包括采矿业、畜牧业和自动化生产等。工业读写器大多具有标准的现场总线接口，以便集成到现有的设备当中。此外，这类设备还需要满足多种不同的应用保护需要，如矿井读写器就必须具有防爆装置。工业读写器的典型技术参数与固定式读写器的参数相同。

②手持式读写器。手持式读写器又称便携式读写器，是适合用于用户手持

使用的一类射频标签读写器，其工作原理和其他形式的读写器完全一样。手持式读写器常用在动物识别、付款扫描、巡检测试等场合。简单地说，手持读写器就是将 RFID 读 / 写模块、天线和掌上计算机集成在一起，来执行标签识别的功能。手持式读写器一般采用可充电的电池来进行供电。手持式读写器的操作系统可以采用 Windows 或其他操作系统。

③固定式读写器。将射频控制器和高频接口封装在一个固定的外壳中，集成射频识别的功能，就构成了固定式读写器。有时为了减小设备尺寸，降低设备的制造成本，便于搬动与运输，也可以将天线与射频模块封装在一个外壳单元中，这样就构成了集成式读写器或一体化读写器。从固定式读写器的外观来看，它留有读写器接口和电源接口、安装托架以及工作灯 / 电源指示灯等。

④红外读写器。红外射频自动识别系统识别方向性强，读写器精致且超小，能识别无源卡，识读距离可达 4m。系统不受电磁场干扰，不干扰其他系统，识别精确，且使用该系统无须申请无线电通信许可。该系统可广泛地应用在需要自动识别的领域，帮助客户实现高效便捷和安全的自动化管理，其应用领域包括自动化工厂、车辆货物称重处、物流运转中心、车队管理终端和停车场等。

⑤读卡器。读卡器也称发卡器、读卡机、读卡管理机等，主要用于对射频标签进行具体内容的操作，包括档案建立、消费纠错、挂失、补卡、信息修正等，它通常与计算机放置在一起。从本质上讲，读卡器实际上是小型的射频标签读写装置。读卡器经常与读卡管理软件结合起来使用。同一厂家的读卡器与读写器相比，具有发射功率较小、读写距离短等特点。

（3）读写器接口方式

读写器接口方式主要指读写器和应用系统计算机的接口方式。RFID 系统的接口方式非常灵活，包括 RS232、RS485、以太网 (RJ45)、WLAN802.11（无线网络）、Wiegand（韦根）等接口。不同的接口具有不同的应用范围及性能特征。

3. RFID 天线

（1）RFID 电子标签天线

在电子标签中天线面积占主导地位，天线面积基本决定了标签大小。然而天线的物理尺寸受到其工作频率电磁波波长的限制。在超高频下（如 900MHz)

电磁波波长为 30cm，相对于电子标签的应用来说，这个尺寸还是太大，因此实际电子标签天线设计的尺寸都会小于这个尺寸，一般尺寸设计到 5 ～ 10cm，这种天线一般称为小天线。

RFID 天线主要有线圈型、微带贴片型、偶极子型三种基本形式。其中，工作距离小于 1m 的近距离应用系统的 RFID 天线一般采用工艺简单、成本低的线圈型天线，这类天线主要工作在中、低频段。工作距离在 1m 以上远距离的应用系统需要采用微带贴片型或偶极子型的 RFID 天线，它们工作在高频及微波频段。不同类型天线其工作原理也不相同。

①线圈型天线。当 RFID 的线圈天线进入读写器产生的交变磁场时，RFID 天线与读写器天线之间的相互作用就类似于变压器，两者的线圈相当于变压器的初级线圈和次级线圈。通常在 RFID 的天线线圈内部插入具有高导磁率的铁氧体材料，以增大互感量，从而补偿线圈横截面减小的问题。

②微带贴片型天线。微带贴片型天线是由贴在带有金属底板的介质基片上的辐射贴片导体构成的，微带贴片型天线质量轻、体积小、剖面薄。微带贴片型天线以馈电方式和极化制式的多样化以及馈电网络、有源电路集成一体化等特点而成为印刷天线类的主角。一般微带贴片型天线的辐射导体与金属底板的距离为波长的几十分之一，如果辐射电场沿导体的横向与纵向两个方向没有变化，仅沿约为半个波长的导体长度方向有变化，则微带贴片型天线的辐射基本上是由贴片导体开路边沿的边缘场引起的，其方向基本确定。因此，微带贴片型天线非常适用于通信方向变化不大的 RFID 应用系统中。

③偶极子天线。偶极子天线又称为对称振子天线，通常用在远距离耦合的 RFID 应用系统中，由两段同样粗细和等长的直导线排成一条直线构成，信号从中间的两个端点馈入，在偶极子的两臂上产生一定的电流分布，这种电流分布就在天线周围空间激发起电磁场。

（2）RFID 读写器天线

天线是一种能将接收到的电磁波转换为电流信号，或将电流信号转换为电磁波发射出去的装置。在 RFID 系统中，读写器必须通过天线来发射能量，形成电磁场，通过电磁场对电子标签进行识别，读写器上的天线所形成的电磁场范围就是读写器的可读区域。

（3）RFID 天线选择

在标签和读取器间传递射频信号和为无源标签提供感应能量是由 RFID 天线来实现的，传输最大的能量进出标签芯片是天线的目标，需要仔细设计天线和自由空间，以及与其相连的标签芯片匹配。天线必须能够贴到需要识别的物品上，因此天线本身要足够小。天线应该有全向或半球覆盖的方向性，可以提供最大可能的信号给标签的芯片，无论物品处于什么方向，天线的极化都能与读卡机的询问信号相匹配，具有鲁棒性，而且非常便宜。在选择天线的时候主要考虑以下几点：

● 天线类型：在高频、超高频和微波 RFID 系统中，天线的尺寸必须重点考虑，RFID 系统中这样的小天线增益是有限的，增益的大小取决于辐射模式的类型，增益大小影响天线的作用距离。由于 RFID 标签的方向性是不可控的，所以读卡机必须是圆极化的。一个圆极化的标签天线可以产生 3dB 以上的信号。

● 阻抗问题：为实现最大功率传输的目的，天线的输出阻抗与天线后的芯片的输入阻抗之间需要匹配。一直以来，设计天线都与 50Ω 或 70Ω 的阻抗匹配，但是也可能设计天线具有其他的特性阻抗。例如，一个缝隙天线可以设计具有几百欧姆的阻抗。此外，为了减少返回消耗，在天线设计时，应考虑使天线与接近天线的环境相匹配，由于天线的行为会因不同的物体和不同的物体间距离的不同而不同，因此，全向天线对于环境的匹配考虑是不可行的，但设计方向性强的天线则不受这个问题的影响。

● 局部结构的影响：在有大量的其他临近物体的环境中使用手持仪器的时候，会致使读卡机天线和标签天线的辐射模式严重失真。例如，在仓库环境中一个物品盒子上贴有几个标签，以确保所有时候都有一个标签是可以看见的。由于门禁装置的读卡机天线被固定在仓库的出入口并且直接指向贴标签的物体，所以每个盒子有两个天线足够，局部结构的影响变得不再重要。

● 辐射模式：在一个无反射的环境中对各种需要贴标签的物体进行天线模式的测试表明，圆柱金属所引起的性能下降是最严重的，在它与天线距离 50mm 的时候，返回的信号下降大于 20dB，在使用全向天线的时候性能严重下降。

● 距离：RFID 读写器能够探测到的标签反向散射信号最大的距离称为标

签读取范围。RFID 天线的增益和是否使用有源的标签芯片将影响系统的使用距离。天线作用距离随着频率升高而下降。如果使用有源芯片作用距离可以达到 5 ～ 10m。

4.2.2　RFID 系统的软件

RFID 系统是为应用服务的，如果没有软件，RFID 系统仅仅只是一堆冰冷的各式器件而已，只有配置相应的软件，RFID 系统才能更好地为企业服务。典型的 RFID 系统软件包括接口、中间件和应用软件三部分。

RFID 应用中，需要解决各层的接口标准问题，其中空中接口协议是基础。空中接口协议需解决物理层的链路时序、帧结构、编码方式、调制方式等问题，MAC（Medium Access Control）着重解决访问控制协议、防碰撞算法和安全加密算法问题。这些接口软件完成了 RFID 系统硬件与软件之间的连接，通过使用控制器实现同 RFID 硬软件之间的通信。此类接口软件的主要任务是从读写器中读取数据和控制读写器的行为，激励外部传感器、执行器工作。

RFID 前端操作软件也称为企业应用接口，主要是提供给 RFID 设备操作人员使用的软件，如手持读写设备上使用的 RFID 识别系统、超市收银台使用的结算系统和门禁系统使用的监控软件等，此外还应当包括将 RFID 读写器采集到的信息向软件系统传送的接口软件。

为解决分布异构问题，人们提出了中间件的概念。中间件是位于平台（硬件和操作系统）和应用软件之间的通用服务，是一种独立的系统软件或服务程序，分布式应用软件借助这种软件在不同的技术之间共享资源。中间件位于客户机、服务器的操作系统之上，管理计算资源和网络通信。中间件应该具备两个关键特征：一是要为上层的应用层服务，这是基本条件；二是必须连接到操作系统的层面，并且保持运行状态。

RFID 中间件扮演着电子标签和应用程序之间的中介角色，是介于读写器和后端软件之间的一组独立软件，它能够与多个 RFID 读写器和多个后端软件应用系统连接。从应用程序端使用中间件提供的一组通用的应用程序接口 (API)，即能连到 RFID 读写器，读取电子标签数据。这样，即使存储电子标签信息的数据库软件或后端应用程序增加或改由其他软件取代，甚至 RFID 读写器种类增加等情况发生时，应用端不须修改也能正常处理，解决了多对多连接的维护复杂性问题。

RFID 系统最终的目的是提供服务，前端采集的数据最终要向后端应用软件传递，当 RFID 系统应用在不同的领域，项目的需求也会不同。针对不同行业的特定需求开发的应用软件就是 RFID 应用系统软件，该软件必须能够有效地控制读写器对电子标签信息进行读写，并且对收集到的目标信息进行存储并集中处理。因此，RFID 应用系统软件也是 RFID 系统的数据中心，可以与 ERP、CRM 以及 WMS 等系统整合，提高各行业的生产和管理效率。

4.3 RFID 系统工作原理

RFID 系统的基本工作原理是：读写器通过发射天线发送一定频率的射频信号，当电子标签进入发射天线工作区域时产生感应电流，电子标签获得能量被激活；电子标签将自身编码等信息通过卡内置发送天线发送出去；系统接收天线接收到从电子标签发送来的载波信号，经天线调制器传送到读写器，读写器对接收的信号进行解调和解码然后送到后台主系统进行相关处理；主系统根据逻辑运算判断该卡的合法性，针对不同的设定做出相应的处理和控制，发出指令信号控制读写器完成不同的读写操作。

在 RFID 系统的工作过程中，电子标签和读写器之间以感应的方式实现能量传递，并通过一定的时序方式来实现数据的变换。RFID 系统中电子标签与读写器的感应是通过电磁耦合实现的，一般分为电感耦合和电磁反向散射耦合。

4.3.1 电感耦合

电感耦合 RFID 系统是依据电磁感应定律通过空间高频交变磁场实现耦合，一般适合于中、低频率工作的近距离 RFID 系统。电感耦合的射频载波频率为 13.56MHz 和小于 135kHz 的频段，电子标签和读写器之间的工作距离小于 1m。电感耦合如图 4-2 所示。

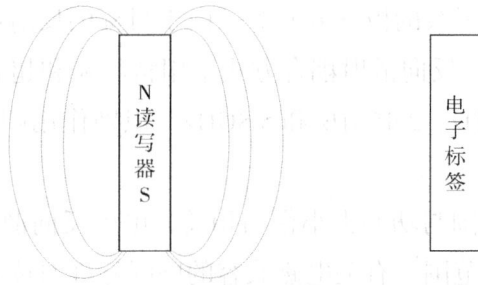

图 4-2 电感耦合

在电感耦合 RFID 系统中，由于读写器产生的磁场强度受到电磁兼容性能有关标准的严格限制，因此系统的工作距离较近。电子标签几乎都是无源的，由读头（读写器的标签驱动单元）向电子标签提供工作能量。当电子标签离开射频识别场时，标签由于没有所需的激活能量而处于休眠状态。当标签进入射频识别区域时，读头发射的射频波激活标签电路，标签通过整流的方式将射频波转换为电能存储在标签中的电容里，从而为标签的工作提供能量，完成数据的交换。对于半有源标签，射频场只起到激活的作用，标签被激活后的工作所需能量由自身所携带电源提供。

4.3.2 电磁反向散射耦合

HarryStockman 的论文"利用反射功率的通讯"奠定了射频识别的理论基础。电磁反向散射耦合，即雷达原理模型，其工作原理是利用发射出去的电磁波碰到目标后反射，同时携带回目标信息，依据的是电磁波的空间传播规律。电磁反向散射耦合 RFID 系统一般适合于高频、微波工作频率的远距离识别应用。电磁反向散射耦合如图 4-3 所示。

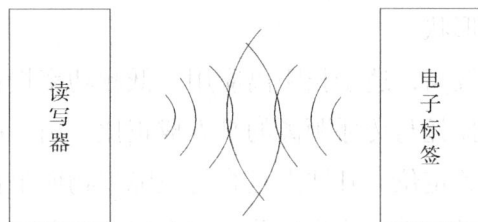

图 4-3 电磁反向散射耦合

依据雷达技术的反向散射理论：一个目标反射电磁波的频率由反射横截面来确定。反射横截面的大小与一系列的参数有关，如目标的大小、形状、材料、电磁波的波长和天线的极化方向等。由于目标的反射性能通常随频率的升高而增强，所以 RFID 反向散射耦合方式采用特高频和超高频，典型的工作频率有 433MHz、915MHz、2.45GHz 和 5.8GHz。识别作用距离大于 1m，典型作用距离为 3 ～ 10m。

读写器的工作范围与功率大小密切相关，电磁反向散射耦合 RFID 系统频率在特高频和超高频范围，有关电磁兼容的国际标准对读写器所能发射的最大功率有严格的限制，因此在一些需要远距离识别的应用中，要采用有源或者半无源的电子标签，为防止电池不必要的消耗，电子标签平时处于低功耗模式，当电子标签进入读写器的作用范围时，电子标签由获得的射频功率激活，进入工作状态。

电磁反向散射耦合 RFID 系统中，读写器天线发射的电磁波功率在经过经自由空间衰减后到电子标签，部分功率被电子标签天线反射回来并被读写器天线接收。经读写器解调和解码后传送到后台应用软件存储并处理。

读写器至电子标签的命令及数据传输，应根据 RFID 的有关标准进行编码和调制，或者按所选用电子标签的要求进行设计。

4.3.3 RFID 系统主要频段及特性

当前 RFID 工作频率跨越多个频段，一般而言，低频段能量相对较低，数据传输率较小，无线覆盖范围受限。为扩大无线覆盖范围，必须扩大标签天线尺寸。尽管低频无线覆盖范围比高频无线覆盖范围小，但天线的方向性不强，具有相对较强的绕开障碍物能力。低频段可采用 1 ～ 2 个天线，以实现无线作用范围的全区域覆盖。此外，低频段电子标签的成本相对较低，且具有卡状、环状、纽扣状等多种形状。

高频段能量相对较高，适于长距离应用。低频功率损耗与传播距离的立方成正比，而高频功率损耗与传播距离的平方成正比。由于高频以波束的方式传播，故可用于智能标签定位。其缺点是容易被障碍物所阻挡，易受反射和人体扰动等因素影响，不易实现无线作用范围的全区域覆盖。高频段数据传输率相对较高，且通信质量较好。

RFID 系统的工作频率既影响标签的性能和尺寸大小、读写器作用距离，又影响标签与读写器的价格，因此频率的选择至关重要。在选择频率时，除了考虑其特性和应用外，还需要符合不同的国家和地区标准。RFID 系统主要频段及特性如表 4-1 所示。

表 4-1　RFID 系统主要频段及特性

	低频	高频	超高频		微波
工作频率	125～134kHz	13.56MHz	433MHz	868～915MHz	2.45～5.8GHz
读取距离	距离近	距离近	有 源 约 100m	无源 8～10m	可视距离 >30m
速度	慢	中等	快	快	很快
潮湿环境	无影响	无影响	影响较小	影响较大	影响较大
方向性	无	无	无	部分	有
全球适用频率	是	是	是	部分	部分
主要用途	动物识别	一卡通、防盗	货物、人员管理	物流管理	车辆、物流
现有 ISO 标准	11784/85，14223	14443，18000-3	18000-7	18000-6	18000-4/555

4.4　RFID 中间件技术

4.4.1　RFID 中间件概述

看到目前各式各样 RFID 的应用，企业最想问的一个问题是："我要如何将我现有的系统与这些新的 RFID 读写器连接？"这个问题的本质是企业应用系统与硬件接口的问题。因此，通透性是整个应用的关键，正确抓取数据、确保数据读取的可靠性以及有效地将数据传送到后端系统都是必须考虑的问题。传统应用程序与应用程序之间 (Application to Application) 数据通透是通过中间件架构解决的，并发展出各种 Application Server 应用软件。同理，中间件的架构设计解决方案便成为 RFID 应用中的一项极为重要的核心技术。

RFID 中间件是一种面向消息的中间件 (Message-Oriented Middleware, MOM)，信息是以消息的形式，从一个程序传送到另一个或多个程序。信息可以以异步的方式传送，所以传送者不必等待回应。面向消息的中间件包含的功能不仅是传递信息，还必须包括解译数据、确保安全、广播数据、错误恢复、定位网络资源、找出符合成本的路径、消息与要求的优先次序以及延伸的除错工具等服务。

在 RFID 应用系统架构中，RFID 中间件所处的位置如图 4-4 所示。

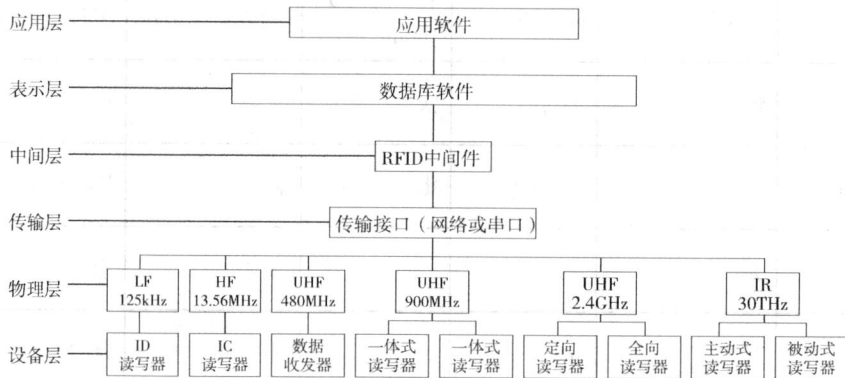

图 4-4　RFID 中间件在 RFID 应用系统架构中的位置

4.4.2　RFID 中间件的功能模块

RFID 中间件是传统中间件技术在 RFID 领域的拓展应用，是 RFID 产业链的关键共性技术，它屏蔽了 RFID 设备的多样性和复杂性，能够为后台业务系统提供强大的支撑，从而驱动更广泛、更丰富的 RFID 应用。

目前，国内外许多著名公司已先后推出了自己的 RFID 中间件产品，并且得到了企业用户的认可。IBM 和 Oracle 等公司大多是基于 Java 并遵循 J2EE 企业架构开发自己的开放式 RFID 中间件产品，而 Microsoft 公司则以 SQL 数据库和 Windows 操作系统为依托，开发集成于微软的 Windows 系列操作系统平台的 RFID 中间件产品。

典型的 RFID 中间件产品主要包含读写器接口、事件管理器和应用程序接口三个功能模块，如图 4-5 所示。

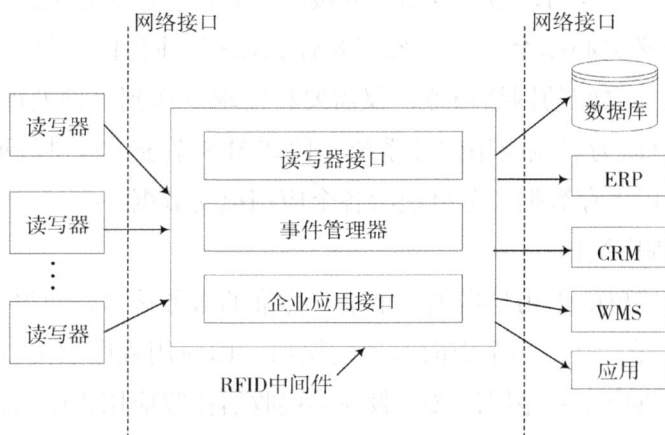

图 4-5　RFID 中间件功能模块结构

1. 读写器接口

作为 RFID 标准化制定主体的 EPCGlobal 组织负责制定并推广描述 RFID 读写器与其应用程序间通过普通接口来相互作用的规范。RFID 中间件必须优先为各种形式的读写器提供集成功能，为网络上的读写器进行适配，并按照上层的配置建立实时的 UDP 连接并做好接收标签数据的准备。

读写器接口协议处理器确保使中间件能够通过各种网络通信方案连接到 RFID 读写器，终端用户可以通过接口直接配置、监控以及发送指令给读写器。一些 RFID 中间件开发商还提供了支持读写器即插即用的功能，使终端用户新添加不同类型的读写器时不需要增加额外的程序代码。

2. 事件管理器

事件管理器完成来自于读写器接口的 RFID 事件处理。读写器不断从电子标签读取大量未经处理的数据，一般说来应用系统内部存在大量重复数据。因此，事件管理器对接收到的数据进行预处理，当标签信息传输发生错误或有冗余数据产生时，RFID 中间件可以通过一定的算法纠正错误并过滤掉冗余数据。预处理内容包括集中处理所属读写器采集到的标签数据，并统一进行冗余过滤、平滑处理、标签解读等工作。经过处理后，每条标签内容包含的信息有标准 EPC 格式数据、采集的读写器编号、首次读取时间、末次读取时间等，并以一个读周期为时间间隔，分时向事件处理子系统发送，为进一步的数据高级处理做好必要准备。RFID 中间件能够以基于内容的路由方式，决定采集到的数据传递给哪一个应用，通过数据服务接口把数据传递到相关的应用系统。

读写器不必关心哪个应用系统需要什么数据，同时应用程序也不需要维护与各个读写器之间的网络通道，仅需要将需求发送到事件处理系统中即可。RFID 中间件可以为后端应用软件系统（比如 MIS 系统）提供数据的路由与集成，同时还可以缓存数据，分批地给各个应用提交数据。

3. 应用程序接口

应用程序接口的作用是提供一个基于标准的服务接口，使得应用程序系统能够控制读写器。这是一个面向服务的接口，即应用程序层接口，它为 RFID 数据的收集提供应用程序层语义。服务器接收器接收应用程序系统指令，提供一些通信功能。

RFID 中间件根据客户定制的任务负责数据的监控与事件的触发。例如，在图书管理中，设置中间件来监控书籍借出的天数，当书籍借出的天数大于设置的期限时，RFID 中间件会触发事件，通知相应的应用软件。

4.5 RFID 系统面临的问题和研究方向

4.5.1 RFID 系统面临的问题

射频识别技术具有广阔的应用前景，但在推广应用中遇到了不少挑战，在技术、管理等方面还存在着许多问题，主要表现在缺乏成熟的应用模式和行业标准、成本亟待降低和相关产品标准不统一。这些问题如果不能很好地加以解决，将会严重地影响射频识别技术的推广和使用。

1. 标准化问题

标准化是推动产品广泛获得市场接受的必要措施，但 RFID 读写器与标签的技术仍未见统一。到目前为止，与射频识别技术有关的标准有：国际标准 ISO/IEC18000、美国的 EPCGlobal、日本的 UbiquitousID，在国际上形成了三足鼎立的局面。

而不同制造商所开发的标签通信协定，使用不同频率，且封包格式不一。RFID 技术又不像条码，虽有通用的公共频率范围，但制造厂商可以自行改变，此外，标签上的芯片性能、存储器存储协议与天线设计约定等，也都没有统一标准。尽管 RFID 的有关标准正在逐步开发制定、不断完善，但是每个国家又有自己的规则。RFID 标准化甚至比制定条码标准更让各国感到困难，因为如果一个国家把某个频率权出让给某个商业企业后，当它对别的系统产生干扰时，对这个频率段的使用情况进行监督管理就会变得很难。

2．成本问题

RFID 系统不论是标签、读写器和天线，其价格都比较昂贵，价格问题是制约 RFID 标签推广应用、市场发展的巨大瓶颈之一。高成本的 RFID 标签只能用于一些本身价值较高的产品，如何降低有效 RFID 标签价格，让 RFID 系统能应用于数量庞大、价位较低的商品领域是当前的一个难点。

3．技术的突破

RFID 技术经过了几十年的发展，但尚未完全成熟，特别是应用于某些特殊场合的产品，如液体或金属罐等物品时，大量 RFID 标签无法正常起作用。标签的可靠性也是个大问题。就目前看来，现在普遍使用的134KHz 和13.56MHz 因传输距离太短，限制了读写器和 RFID 标签间的传输距离，使若干标签不能有效地被读取，标签失效率较高。如何解决标签的读取响应率随标签所标识物的移动速度增加而迅速衰减的问题，也是当前 RFID 技术面临的一个难点。此外，由于 RFID 标签与读写器有方向性，RFID 信号易被物体阻断，这也是 RFID 技术发展的一大挑战，即使贴上双重标签，仍有 3% 的标签无法识别。

4．人员失业．隐私保护以及安全问题

RFID 系统在各行各业中得到广泛应用后，许多原来由手工完成的工作将有很多被该系统的自动化所取代，许多人面临失去工作的危机，将衍生不可忽视的就业问题。同时 RFID 的大规模应用必将会涉及各种各样的隐私保护以及安全问题，无源 RFID 系统没有读写能力，无法使用密钥验证方法来进行身份验证，安全和隐私的保障无从谈起。如果标签是有源的，并且会收到不断变化的验证密钥，则会大大提高其安全性，不过随之而来的是成本大大增加。目前 RFID 技术要在对信息有保密要求的领域展开应用，还面临着信息安全方面的障碍。

4.5.2　RFID 技术研究发展方向

RFID 技术当前发展阶段主要是围绕技术标准、标签成本、关键技术和系统应用等方面展开研究。

1. 技术标准

RFID 技术标准主要是规范标签及读写器的开发、设计和批量生产，使得各 RFID 系统之间可以互联和兼容。因此，RFID 的标准化是当前急需研究解决的重要问题，世界各国及相关国际组织都在积极推进 RFID 技术标准的制定。RFID 的标准化工作主要是规范标识编码、操作协议及应用系统接口等。其中标识编码规范包括标识长度、编码方法等；操作协议包括空中接口、命令集合、操作流程等规范。

2. 标签成本

RFID 技术商业应用能否取得成功关键是能否控制标签成本。RFID 标签主要由 IC 芯片、天线和封装等几部分构成。随着集成电路等相关技术的进步和应用规模扩大，RFID 标签的成本也将越来越低。据预测，在大规模生产的情况下，RFID 标签生产成本最低能降到 5 美分，届时 RFID 技术将步入人们生活的各个领域，为人们提供更便宜、高效和便捷的服务。

3. 关键技术

RFID 关键技术的研究主要集中在频率选择、安全技术、天线技术、低功耗技术、封装技术、定位与跟踪技术和防冲撞技术等。

（1）频率选定与定位技术

工作频率的选定是 RFID 技术的一个至关重要问题，既要适应各种应用需求，还要遵循国家对无线电频段使用的规定。当前 RFID 工作频率跨越多个频段，不同频段具有各自优缺点，它既影响标签的性能和尺寸大小，也关系到读写器的作用范围。低频段能量相对较低，数据传输率较低，信号的覆盖区域有限。为增大无线覆盖区域，必须加大标签天线的尺寸。但是低频段标签的生产成本较低，便于依附在被识别和跟踪的物体上。高频段能量较高，适用于长距离的应用。同时高频段数据传输速率相对较高，且通信质量较好。其缺点是容易被障碍物阻挡，易受反射和人体扰动影响，信号很难覆盖全区域。低频的功率损耗与传播距离的立方成正比，而高频的功率损耗与传播距离的平方成正比，高频更多应用于对标签的跟踪和定位。

RFID 定位与跟踪系统主要利用标签对物体的唯一标识特性，依据读写器与标签之间射频信号的强度来测量带标签物体的空间位置，主要应用于 GPS 系统难以实现的室内定位领域。MITOxygen 项目开发的 Cricket 系统、密歇根州立大学的 LANDMARC 系统和微软公司的 RADAR 系统都是当前典型的RFID 定位与跟踪系统，该技术在矿井内对人员和重要设备的定位与跟踪中已经得到广泛应用。

（2）天线与封装技术

标签和读写器天线还分别承担接收和发射能量的任务。天线的设计关系到RFID 能否有效发送和接收数据，天线结构决定了天线极化方向、方向图、阻抗特性、天线增益、驻波比和工作频段等特性。

RFID 标签安装有天线、芯片和其他特殊部件，为了确保标签的大小、厚度、柔韧性和高温高压工艺中芯片电路的安全，需要特殊的封装技术和专门设备。标签封装不受标准形状和尺寸限制，其构成也是千差万别，有时甚至需要根据各种不同要求进行特殊的设计。

（3）低功耗技术

RFID 模块一个最基本的要求是具备低功耗的特点，以提高使用的寿命、拓展应用场合和加大识别距离。降低功耗与保证一定的有效通信距离是同等重要的。因此，标签内置芯片一般都采用非常苛刻的低功耗工艺和高效节能技术。

（4）防冲撞技术

高效的防碰撞算法对于 RFID 系统至关重要，标签防碰撞算法要解决的是在读写器有效通信范围内，多个标签同时与读写器进行通信的问题。IEEE802.11 定义了载波侦听多点接入 / 冲突避免（CSMA/CA）协议，协议规定载波侦听查看介质是否空闲，同时通过随机的时间等待，使信号冲突发生的概率减到最小。传统的 ALOHA 及相关算法和二进制搜索算法分别是用来解决在高频段和在超高频段多标签的防碰撞问题，常用的防碰撞算法识别时间较长，很难满足对高速运动标签的识别要求。而大多数新算法虽然识别时间较短，但对标签设计要求较高，难以满足系统设计的低成本要求。因此，防碰撞算法研究的方向和趋势就是在取得对复杂度和成本的折中平衡后，最大限度地减少搜索时间，提高识别效率。

4. 系统应用

RFID 技术被誉为 21 世纪十大重要技术之一，也是物联网关键技术之首。目前已成为物联网应用领域中的一个热点，深受各国政府和企业的重视，在停车场管理、门禁控制、物流管理、航空包裹识别、文档追踪管理、畜牧业、后勤管理、移动商务、产品防伪、运动计时、票证管理、车辆防盗、生产线自动化、物料管理、食品安全跟踪追溯和无线定位等方面得到实际的应用。当前最普遍的应用主要在以下几个方面：

（1）防伪和身份识别

RFID 技术与防伪相结合，具有识别快速、伪造难、成本低等优点，如若再引入安全认证和加密功能，将大大提高伪造者造假的难度和成本，令其知难而退。日本和欧洲正在尝试在货币中嵌入标签，目的不仅在于防止伪钞，还可以方便钞票交易处理。通过在身份证、护照、工作证等各种有效证件中嵌入标签，可以用于对人员身份进行验证和识别，FRID 技术也常用于跟踪、研究和保护动物。

（2）交通管理

RFID 技术最早应用于公共交通管理，同时也是 RFID 应用比较成功的领域，该应用中主要涉及停车场管理、电子车票、不停车收费和车辆管理与跟踪等方面。

（3）商业供应链

在商业供应链中应用 RFID 技术，将是该技术最广泛和深入的应用，当然也是技术难度最大、最难实现的应用。关键在于要在所有的商品上都贴上一个标签，这不仅对标签的成本要求较高，更关键的是需要具有能快速高效处理大量数据的软硬件和后台管理系统。

（4）物流管理

目前 RFID 技术在物流领域中的应用主要集中在铁路和公路的货运调度、集装箱识别和跟踪、物品和包裹的自动识别及处理等。在物流管理中引入 RFID 技术可以有效地对整个物流过程进行监控和管理，降低物流成本，提高运输效率，保证物品在运输流通中不会被遗漏或丢失。

（5）无线定位

RFID 技术广泛应用在无线定位领域，无线定位系统中电子标签被自动地读取，能够自动、连续、实时地追踪和记录贴有标签的人或物的位置。目前我国在矿山井下等领域开展了基于 RFID 技术的无线定位技术实际应用，极大地提高了工作效率。

第 5 章　状态感知技术

本章重点

◎ 了解传感器的概念和基本原理

◎ 了解物联网的感知与识别技术

◎ 理解无线传感器网络技术的概念和基本原理

5.1　传感器概述

人们为了从外界获取信息，必须借助于感觉器官。新技术革命的到来，世界开始进入信息时代，人们迫切地希望能准确地掌握自然界和生产领域更多的各类信息。首先要解决的就是如何获取准确可靠的信息，而传感器是获取自然和生产领域中信息的主要途径与手段。因此传感器与人们的关系越来越密切。传感器是实现自动检测和自动控制的首要环节，它对于提高生产的自动化程度、促进现代科学技术的发展具有极其重要的作用。

在现代工业生产尤其是自动化生产过程中，要用各种传感器来监视和控制生产过程中的各个参数，使设备工作在正常状态或最佳状态，并使产品达到最好的质量。可以说，没有众多的优良的传感器，现代化生产也就失去了基础。

在基础学科研究中，传感器更具有突出的地位。现代科学技术的发展，进入了许多新领域，例如在宏观上要观察上千光年的茫茫宇宙，微观上要观察小到微米的粒子世界，纵向上要观察长达数十万年的天体演化，短到秒的瞬间反应。此外，还出现了对深化物质认识、开拓新能源和新材料等具有重要作用的各种极端技术研究，如超高温、超低温、超高压、超高真空、超强磁场、超弱磁场等。显然，要获取大量人类感官无法直接获取的信息，没有相应的传感器是不可能的。许多基础科学研究的障碍，首先就在于对信息的获取存在困难，而一些新机理和高灵敏度的检测传感器的出现，往往开辟了科学研究的新境界。

传感器已渗透到诸如工业生产、智能家居、宇宙开发、海洋探测、环境保护、资源调查、医学诊断、生物工程、甚至文物保护等极其之泛的领域，可以毫不夸张地说，从茫茫的太空，到浩瀚的海洋，以至各种复杂的工程系统，几乎每一个现代化项目，都离不开各种各样的传感器。

5.1.1　传感器概念

传感器就是将外界参量如物理、化学、机械等转化为电学量或光学量的一种装置。

我国国家标准 GB 7665-1987 规定："传感器是能感受规定的测量量并按一定规律转换成可用输出信号的器件或装置。"因此，传感器的实质是一种按一定的精度要求把外界参量如物理、化学、机械等转换为与之有确定关系的、便于应用的某种物理量的测量器件或装置，用于满足系统信息传输、存储、显示、记录及控制等要求。

传感器概念主要涉及以下几个方面：

（1）传感器首先是一种测量器件或装置，具有感应和测量的作用。比如，普通发电机是一种可以将机械能转化成电能的转换装置，从能量转换的角度看，它是一种发电设备，但不能称之为传感器。而从另一个角度出发，可以通过发电机发电量的大小来测量调速系统的机械转速，此时，发电机就可看成是一种用于测量转速的测量装置，是一种速度传感器，因此，此类发电机通常称为测速发电机。实际应用中，传感器的目的就是获得被测量的准确信息，这也是传感器的基本功能。

（2）在传感器定义中的"可用输出信号"是指便于传输、转换及处理的信号，主要形式是气、光和电等信号，而当前绝大部分情况下就是指电信号 (如电压、电流、电势及各种电参数等)，而"规定的测量量"一般是指非电量信号，主要包括各种物理量、化学量和生物量等，在实际的应用中常需要测量的非电量信号有声音、力、压力、温度、流量、位移、速度、加速度、转速、浓度等。而电工仪表和电子仪器等传统测量仪器对这类非电量信号不能像电信号那样直接测量，而利用传感器技术则可以实现这类非电量信号到电信号的转换。

（3）传感器的输入和输出信号应该具有明确的对应关系，并且应保证一定的精度以满足实际应用的需求。

（4）对于"传感器"这个名词，在国内实际应用当中还存在许多提法，如变换器 (transducer)、转换器 (converter)、检测器 (detector) 和变送器 (transmitter) 等，而根据我们国家的规定，传感器定名为 sensor。当传感器的输出信号为标准信号 (1V ～ 5V、4mA ～ 20mA) 时，称为变送器。

工业现代化的飞速发展，以及测控系统自动化、智能化的技术进步，要求传感器准确度高、可靠性高、稳定性好，而且具备一定的数据处理能力，并能自检、自校正、自补偿。现代材料工艺及技术，特别是计算机技术使传感器技术产生了巨大的飞跃，微处器和传感器相结合，产生了功能强大的智能传感器 (国外称为 Smartsensor)。传统的传感器只能作为敏感元件，检测物理量的变化，而智能传感器则包括测量信号调理 (如滤波、放大、A/D 转换等)、数据处理、数据显示以及自校、自检、自补偿等功能。微处理器是智能传感器的核心，它不但可以对传感器的测量数据进行计算、存储、数据处理，还可以通过反馈回路对传感器进行调节。由于微处理器充分发挥各种软件的功能，可以完成硬件难以完成的任务，从而大大降低了传感器制造的难度，提高了传感器的性能，降低了成本。在传感器的生产过程中，重要的一个环节就是传感器的补偿，包括零点补偿、温度补偿、弹性模量补偿、灵敏度参数的调整等。

5.1.2　传感器的组成

传感器的种类繁多，其工作原理、性能特点和应用领域各不相同，所以结构、组成差异很大。但总的来说，传感器通常由敏感元件、转换元件及测量电路组成，有时还加上辅助电源，如图 5-1 所示。

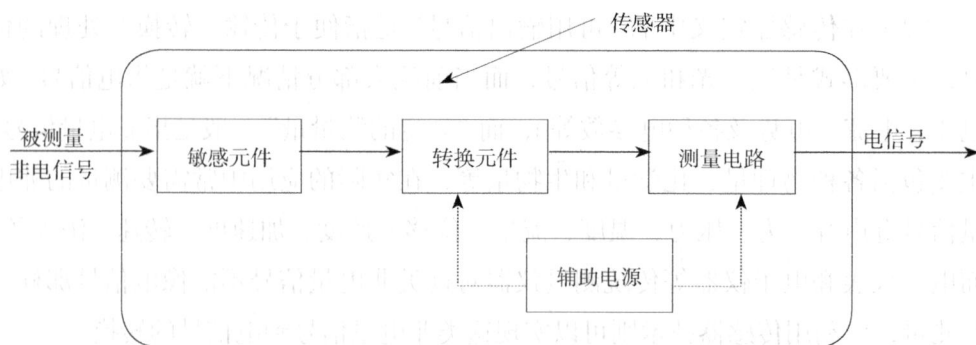

图 5-1　传感器组成

1．敏感元件

敏感元件是指传感器中能直接感受被测量的变化，并输出与被测量成确定关系的某一物理量的元件。敏感元件是传感器的核心，也是研究、设计和制作传感器的关键。

2．转换元件

转换元件是指传感器中能将敏感元件输出的物理量转换成适合于传输或测量的电信号的部分。但并不是所有的传感器都能明显地区分敏感元件和转换元件两部分，有的传感器转换元件不止一个，需要经过若干次的转换；有的则是两者合二为一。

3．测量电路

测量电路又称转换电路或信号调理电路，它的作用是将转换元件输出的电信号进行进一步的转换和处理，如放大、滤波、线性化、补偿等，以获得更好的品质特性，便于后续电路实现显示、记录、处理及控制等功能。测量电路的类型视传感器的工作原理和转换元件的类型而定，一般有电桥电路、阻抗变换电路、振荡电路等。

5.1.3　传感器分类

通常，一种传感器可以检测多种参数，一种参数又可以用多种传感器测量，所以传感器的分类方法也很多，至今尚无统一规定，归纳起来一般有以下几种。

1．按被测量分类

按被测量的性质进行分类，有利于准确表达传感器的用途，对人们系统地使用传感器很有帮助。例如，压力敏和力敏传感器、液面传感器、加速度传感器、振动传感器和射线辐射传感器等。

2．按能量转换关系分类

按照传感器的能量转换情况，传感器可分为能量控制型和能量转换型传感器两大类。能量控制型传感器是指其变换的能量是由外部电源供给的，而外界的变化(即传感器输入量的变化)只起到控制的作用。如电阻、电感、电容等电参数传感器、霍耳传感器等都属于这一类传感器。能量转换型传感器，主要由能量变换元件构成，它不需要外电源。如基于压电效应、热电效应、光电效应等的传感器都属于此类传感器。

3. 按工作原理分类

按工作原理分类是传感器最常见的分类方法,这种分类方法将物理、化学、生物等学科的原理、规律和效应作为分类的依据,有利于对传感器工作原理的阐述和对传感器的深入研究与分析。按照传感器工作原理的不同,传感器可分为电参数式传感器(包括电阻式、电感式和电容式传感器)、压电式传感器、光电式传感器(包括一般光电式、光纤式、激光式和红外式传感器等)、热电式传感器、半导体式传感器、波式和辐射式传感器等。这些类型的传感器大部分是分别基于其各自的物理效应原理命名的。

4. 按结构分类

按结构构成分类,传感器可分为结构型、物性型和复合型传感器。结构型传感器是依靠传感器结构参数(如形状、尺寸等)的变化,利用某些物理规律,实现信号的变换,从而检测出被测量,它是目前应用最多、最普遍的传感器。这类传感器的特点是其性能以传感器中元件相对结构(位置)的变化为基础,而与其材料特性关系不大。物性型传感器则是利用某些功能材料本身所具有的内在特性及效应将被测量直接转换成电量的传感器。例如,热电偶传感器就是利用金属导体材料的温差电动势效应和不同金属导体间的接触电动势效应实现对温度的测量;而利用压电晶体制成的压力传感器则是利用压电材料本身所具有的压电效应实现对压力的测量。这类传感器的"敏感元件"就是材料本身,无所谓"结构变化",因此,通常具有响应速度快的特点,而且易于实现小型化、集成化和智能化。复合型传感器则是结构型和物性型传感器的组合,同时兼有两者的特征。

5. 按使用材料分类

按使用材料分类,传感器可分为半导体传感器、陶瓷传感器、金属材料传感器、复合材料传感器、高分子材料传感器等;此外,根据应用领域的不同,还可分为工业用、农用、民用、医用及军用等不同类型;根据具体的使用目的,又可分为测量用、监视用、检查用、诊断用、控制用和分析用传感器;根据被测量的性质,又可以分为物理型、化学型和生物型传感器三大类;等等。

5.2 物联网的感知与识别

5.2.1 物联网的感知

感知层是物联网的末端，由传感器节点完成具体的感知功能，传感器节点由传感器模块、处理器模块、无线通信模块和能量供应模块四部分组成。

传感器模块负责监测区域内信息的采集和数据转换；处理器模块负责控制整个传感器节点的操作，存储和处理本身所采集的数据以及其他节点发来的数据；无线通信模块负责与其他传感器节点进行无线通信，交换控制消息和收发传感器采集的数据；能量供应模块为传感器节点提供运行所需的能量，通常采用微型电池。物联网的经典感知技术可以大致归纳为下述几种：

1. 视觉感知技术

视觉感知技术是非接触型的，它是视频摄像设备等技术的综合。其通过前端图像传感设备把采集到的图像数据传输到后端的视频分析服务器并存储，视频服务器对所采集的视频图像信息进行分析，将影像中的人或者物体的状态从背景中分离出来，并进行辨认、分析与追踪。根据预设的诸项安全规则，对照所追踪对象的行为模式，若发现异常与违规，立刻进行报警通知，并对相关信息记录或显示。

视觉感知主要有下述两种测量方式：

（1）直接处理图像传感设备所摄取的深浅图像亮度信息的处理方式，即把原图像处理成微分图像的深浅图像处理方式。

（2）把图像传感设备采集的图像像素点的灰度值设置为 0～255（一个比特），将 256 个亮度等级的灰度图像通过选取适当阈值进行处理，判定所有灰度大于或等于阈值的像素属于特定物体，灰度值为 0，表示背景或者例外的物体区域，分离出图像的主题与背景，获得仍然可以反映图像整体和局部特征的二值化图像的处理方式。

目前监狱信息化建设中的一个重要任务就是实现监所视频监控全覆盖。通过安装智能监控摄像机，利用人工智能技术，摄像机能够自动识别人脸并对人进行跟踪，多个摄像机之间可以协同监控，实现视频监控跟踪接力，有效地对被监控人的行为进行预警。同时，通过开发应用软件把视频摄像头采集的图像数据与监狱物联网中其他传感器采集的数据结合，大大提高监狱安防和执法水平。

2. 听觉感知技术

由于计算机及语音学的发展，现在已经实现用传感器代替人耳，通过语音处理及辨识技术识别讲话人，还能正确理解一些简单的语句。从应用的目的来看，可以将识别声音的系统分为两大类：

（1）发言人识别系统

发言人识别系统的任务是判别接收到的声音是否是事先指定的某个人的声音，也可以判别是否是事先指定的一批人中某个人的声音。

（2）语义识别系统

语义识别系统依据模式识别的基本原理，在系统工作时，将接收到的语音信号与标准模式相比较，从而识别该语音信号的含义。

声传感器通常为传声器或水听器，它将声源通过空气或水振动产生的声波转换成电信号，是一种重要的电声器件。传声器的技术特性主要有灵敏度、频率响应、指向性和动态范围。

监狱日常管理中，了解犯人的实际思想动向非常重要，而犯人平时的思想汇报和与直接管理民警的谈话往往会掩盖自己真实的思想，使得直接管理民警很难实时掌握罪犯思想动态，也就无法及时采取科学合理的罪犯教育改造措施。通过在监狱中部署声音传感器，采集犯人平常谈话内容，采用相应的智能应用系统识别犯人平时说话的语义，为直接管理民警制定科学合理的教育改造方案提供帮助。监区部署声音传感器采集犯人的语音和语义数据为监狱民警的狱内侦查提供一个新的、可靠的技术手段，通过该技术掌控犯人的思想，再结合加速度感知技术和姿态感知技术，可以帮助监狱民警有效地预防、控制犯人暴动和越狱等恶性事件。此外，在监狱的适当位置部署基于声音频率识别的玻璃破碎探测器也是监狱在监控突发事件时的一个较好应用。

3. 温度感知技术

温度感知技术主要有接触式和非接触式两大类，接触式温度感知测量最为常见的是热电偶法和热电阻法，非接触式温度感知测量采用热辐射和光电检测的方法。

（1）热电阻传感器

金属热电阻是利用一些金属材料的电阻随温度变化的性质来测温的。由于具有较高的稳定性和精度，目前广泛应用于中、低温测量。

（2）半导体热敏电阻传感器

半导体比金属具有更大的电阻温度系数，常称半导体电阻为热敏电阻。热敏电阻具有灵敏度高、体积小、较稳定、制作简单、价格便宜、寿命长、易于维护等特点，已经得到广泛应用。

（3）石英温度传感器

石英温度传感器是具有频率输出的自激振荡变换器，它可以用具有线性或者非线性温度—频率特性的压电谐振器制作，原则上这两种形式的热敏谐振器都能实现低误差的温度测量。

在石英晶体温度传感器中，振荡电路的基本谐振频率是要根据温度每变化1℃振荡频率变化若干赫兹的要求和晶体的频率温度系数来确定的。

（4）全辐射测温系统

全辐射测温系统是指利用物体在全光谱范围内总辐射能量与温度的关系测量温度，通常把所测得的温度称为"辐射温度"，该系统的优点是可以进行非接触式温度测量。

温度传感器可以部署安装在对温度要求比较苛刻的重要场合中，实时监控温度变化，当有相关的事件发生可及时发出报警。

随着科技的发展，通过在罪犯佩戴的标签中内置微型化的温度、脉搏和血压之类的传感器，可以实时掌控罪犯的身体生理状况并及时报警，结合其他传感器采集的数据，可以有效监控和预报狱内罪犯的自残、自杀等突发事件。

4.位移感知技术

位移感知技术可以测量线位移和角位移。测量位移的传感器各种各样，例如利用电磁感应定律制成的电涡流式位移传感器；以光电效应为基础，将光信号转换成电信号的光电式位移传感器；将被测量，如位移、长度、厚度等一些模拟量直接转换成数字量输出的数字式位移传感器，数字式位移传感器主要包括编码器、感应同步器和计量光栅三种类型。

监狱的位置固定监控设备、重要资产和一些重要设施，例如报警器、视频探头、枪械、重要的劳动工具等，可以在它们上面安装位移传感器，通过无线传感网络和计算机网络把它们的各项属性和位置发送给应用管理系统，当这些位置固定重要资产、监控设备和一些重要设施发生移动时，可以实时发出报警。

5．加速度感知技术

线加速度是指物体重心沿其运动轨迹方向的加速度，是表征物体在空间运动本质的一个基本物理量，可以通过测量加速度来测量物体的运动状态。线加速度的单位是 m/s2，习惯上常以重力加速度 g 作为计量单位。对于加速度，常用绝对法测量，即把惯性型测量装置安装在运动体上进行测量。用于加速度感知的传感器主要有电容式加速度传感器、力平衡式微机械加速度传感器、微机械热对流加速度传感器、微机械谐振式加速度传感器等。

在监狱管理中，通过在犯人佩戴的各式标签中集成加速度传感器，可以有效地发现犯人之间的斗殴、袭警等有剧烈动作的事件。

6．姿态感知技术

客观世界中的运动体的姿态，即运动体的角度、角速度和角加速度可以通过陀螺仪技术来获取感知。通过陀螺的定轴性以及进动性可测量运动体的姿态角（航向、俯仰、滚动），精确测量运动体的角运动，通过陀螺组成的惯性坐标系实现稳定惯性平台。

陀螺已有 100 多年的发展史，1910 年首次出现船载指北陀螺罗仪。第二次世界大战期间，德国将陀螺用于 v-2 火箭上，自那时起，为了提高它的性价比，科技工作者投入了大量的人力、物力，各种新型陀螺不断问世，如静电陀螺、激光陀螺、光纤陀螺和振动陀螺等。

在监狱管理中，通过在值班民警和顽危犯的标签中集成微型陀螺仪，利用其姿态感知能力，实时监测民警和顽危犯的状态，达到实时保护在监区管理执勤民警的安全，以及对顽危犯可能的暴力行为预测及报警。结合监狱无线定位系统，判断姿态异常顽危犯是否处在监区的边界或者出口处，可以有效地监控顽危犯的出逃行为。

5.2.2　物联网的识别

自动识别是一种对数据进行自动采集和识读，并自动输入计算机的重要方法和手段，采集的数据主要是关于个人、动物和货物等被识别对象的信息。近二三十年来，自动识别技术在全球范围内得到了迅猛发展，迅速推广应用到了商业部门、生产企业和材料流通领域，初步形成了一个涵盖条码识别技术、射频识别技术、生物特征识别技术、图像识别技术以及磁条识别技术等，集通信网络技术、计算机、光和电为一体的高技术学科。

　　根据识别对象的特征，自动识别技术可以分为数据采集技术和特征提取技术两类。这两类技术在本质上都是完成对物品的自动识别和数据的自动采集。数据采集技术是通过采集到需要被识别物体具有特定的识别特征载体（如标签、磁卡等）数据信息，完成自动识别任务；特征提取技术则根据被识别物体本身的行为特征（包括静态的、动态的和属性的特征）完成自动识别所需要数据的自动采集，从而实现对被识别物体的自动识别任务。自动识别技术分类如图 5-2 所示。

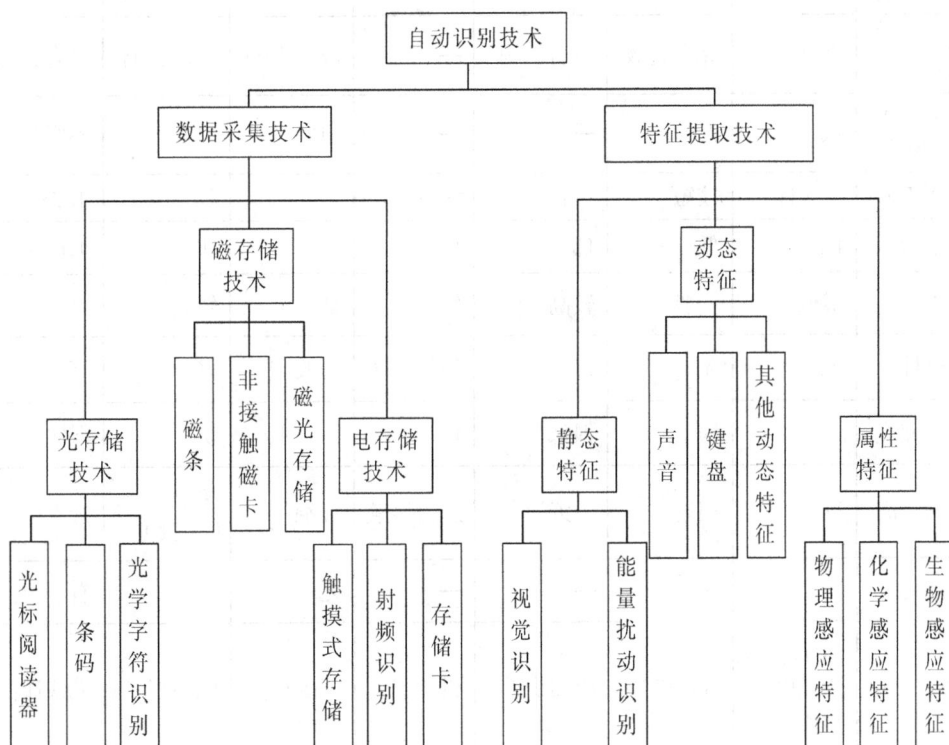

图 5-2　自动识别技术分类

典型的自动识别比较如表 5-1 所示。

表 5-1　几种典型自动识别技术的比较

系统参数	条码技术	OCR	生物识别		磁卡识别	IC 卡	RFID
			语音识别	指纹识别			
信息载体	纸、塑料、金属表面	物质表面	人本身	人本身	磁性物质	EEPROM	EEPROM
典型数据量	1~100	1~100	—	—	—	16~64Kb	16~64Kb
数据密度	低	低	高	高	高	很高	很高
读写性能	R	R	R	R	R/W	R/W	R/W
人可读	有限	简单	简单	不可	不可	不可	不可
污渍和潮湿的影响	很高	很高	—	—	可能	可能	不影响
遮盖的影响	完全失效	完全失效	没有影响	—	没有影响	没有影响	没有影响
方向和位置的影响	低	低	—	—	单向	单向	不影响
使用寿命	一次性	较短	很长	终身	短	长	很长
通信速度	低	低	低	低	快	快	很快
成本	最低	一般	较高	较高	低	较高	高
保密性	无	无	好	很好	一般	好	好
阅读速度	快	快	很低	低	快	快	很快
读取距离	近	很近	较近	直接接触	接触	接触（一般）	远
智能化	无	无	—	—	无	有	有
读取方式	CCD、激光束扫描	光电转换	机器识读	机器识读	电磁转换	电擦写	无线通信
国际标准	有	无	无	无	有	有	有
多标签同时识别	不能	不能	不能	不能	不能	不能	能

5.3 无线传感网络

5.3.1 无线传感网络概述

传感器能够自动采集自然界的物理、化学、机械等各种变化量的信息，但单个传感器的数据采集和网络通信传输的能力非常有限，尤其是在大范围、恶劣的应用环境中这些弱点尤为突出。

"后 PC 时代"更小、更廉价的低功耗计算设备冲破了传统台式计算机和高性能服务器的设计模式，网络化的普及带来了难以估量的计算处理能力，微机电系统 (MicroElectro-MechanicalSystem, MEMS) 的迅速发展奠定了设计和实现片上系统 (Systemonchip, SoC) 的基础，以上三方面的高度集成又孕育出了许多新的信息获取和处理模式，无线传感网络就是其中一例。

传感器技术、微电子机械技术、计算技术和无线通信技术等的进步，推动了具有现代意义的无线传感网络（Wireless Sensor Networks,WSN）的快速发展。无线传感网络由部署在监测区域内大量的廉价微型传感器节点组成，这些低功耗传感器节点在其微小体积内能够集成信息采集和数据处理等多种功能，并通过无线通信的方式形成一个多跳的自组织的网络系统，其目的是协作地感知、采集和处理网络覆盖区域中感知对象的信息，并发送给观察者。无线传感网络是一种超大规模、无人值守、资源严格受限的全分布系统，其网络拓扑动态变化具有自组织、自治、自适应等智能属性。

一个典型的无线传感网络结构如图 5-3 所示。

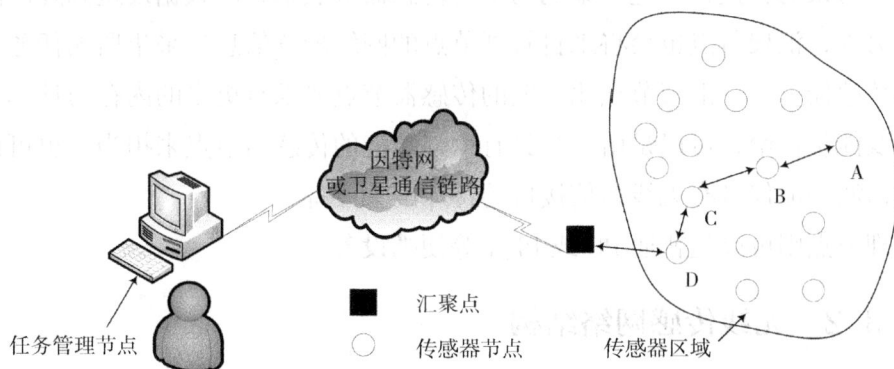

图 5-3　典型的无线传感网络应用系统

无线传感网络系统通常由传感器节点、汇聚节点和管理节点组成。通过随机部署在监测区域的大量传感器节点，采用自组织的方式构成网络，传感器节点间可以协作地实时监测、感知和采集各种环境或监测对象的信息，并对其进行处理。传感器节点所采集到的数据沿着其他传感器节点逐跳地进行传输，经过多跳 (multi-Hop) 路由后采集数据被传送到汇聚节点进行处理，最后通过传统网络或卫星传输到管理节点。数据的观察者可以通过管理节点对传感网络进行配置和管理，发布监测任务以及采集监测数据。传感器、感知对象和观察者构成了传感网络的三个基本要素。

传感器节点通常是一个集成有传感器、数据处理单元和无线通信模块的微型的嵌入式系统，它可以借助节点中内置的形式多样的传感器感知监控环境中诸如热、湿度、红外、声音、磁场、雷达和地震波等信号，从而探测包括温度、湿度、距离、噪声、压力以及移动物体的大小、速度、方向等众多人们感兴趣的物理现象，将现实世界中的物理量映射到一个定量的测量值，使人们对现实世界形成量化的认识。相对传统网络节点而言，无线传感网络节点的处理能力、存储能力和通信能力都比较弱，而且一般使用电池供电，能量有限。与传统网络节点不同的是，每个传感器节点兼顾了传统网络节点的终端和路由器双重功能，既进行本地数据信息的采集，同时也要对其他节点转发来的数据进行存储、管理和转发，并与其他节点协作完成特定任务。

相对而言，汇聚节点的处理能力、存储能力和通信能力一般要比普通传感器节点强，它连接无线传感网络与传统网络（如 Internet），实现两种网络协议栈中通信协议的转换，并把汇聚到的来自传感器节点采集的数据发送到外部网络上。另外，汇聚节点也会将来自管理节点的网络配置信息、采集监测任务等发布给传感器节点。汇聚节点比一般的传感器节点要求有更多的内存与计算资源，以及能量供给，可以是由一个具有增强功能的传感器节点来担当，也可以是没有监测功能仅带有无线通信接口的特殊网关设备。

管理节点则可以是普通 PC 或 PDA 等便携设备。

5.3.2　无线传感网络结构

1．通信结构

无线传感网络中的节点任意散落在被监测区域内，网络在完成对特定的对象感测的同时还需要进行简单的计算并维持互相之间的网络连接。初始的通信和协商在单个节点发起，经路由与邻居形成一个传输信息的多跳网络。每个传感网络都部署一个连接到传输网络的网关，传输网络可以是一个单跳链接，也可以是由一系列的无线网络节点组成，而且无线传感网络本身具有自组织的功能，网关通过传输网络把来自无线传感网络的感测数据从传感区域传送到提供远程连接和数据处理的基站，基站通过互联网等方式把传感数据经由应用系统传入远程数据库。最后应用系统对采集到的数据经过计算、分析和挖掘后通过一个具体方式产生响应并提交给用户。

2. 无线传感器节点结构

典型的无线传感网络节点的结构包含四个基本组成部分：传感单元、处理单元、通信单元和电源。如图 5-4 所示。

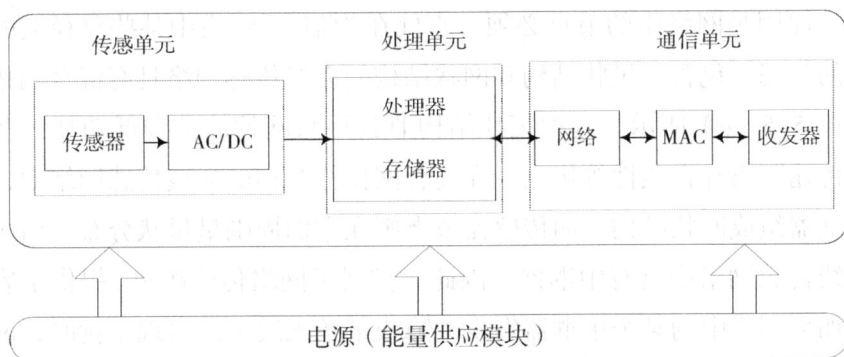

图 5-4　无线传感网典型传感器节点结构

传感单元由传感器和 AD/DC 转换功能模块组成；处理单元由处理器、存储器等组成；通信单元由无线通信模块组成。此外，定位系统、移动系统及电源自供电系统等也是可以选择的其他功能单元。电源为传感器提供正常工作所必需的能源。感知、获取外界的信息则由感知单元完成，并将其转换为数字信号。负责协调节点各部分的工作由处理单元完成，如对感知单元获取的信息进行必要的处理、保存，控制感知单元和电源的工作模式等。负责与其他传感器或收发者的通信则由通信模块实现。此外，嵌入式操作系统、嵌入式数据库系统等软件则为传感器提供了必要的软件支持。

3. 拓扑结构

无线传感网络有星状网、网状网及混合网三种拓扑结构，每种拓扑结构都有自身的优点和缺点，分别可以满足不同无线传感网络的应用要求。

星状网拓扑结构是一个单跳 (Single-Hop) 系统，所有无线传感器节点都与基站和网关进行双向通信，如图 5-5（a）所示。基站可以是一台 PC、PDA、嵌入式网络服务器或者其他与高数据率设备通信的网关，基站向各节点传输数据和命令，同时也可以与互联网等更高层系统之间传输数据。在网络中基站作为所有节点的中间点，但节点相互之间并不传输数据或命令。在三种无线传感网络拓扑中，星状网整体功耗最低，这种拓扑的缺点是节点与基站间的传输距离有限，一般只有几十米。网状拓扑结构是多跳系统，网络中的所有无线传感器节点都是对等的，而且互相直接通信，如图 5-5（b）所示。网状网的每个传感器节点都有多条路径到达网关或其他节点，因此它的容故障能力较强。相比星状网拓扑结构，网状网拓扑的多跳系统传输距离远得多，然而网络功耗也更大，原因是网络中的节点必须一直处在"监听"网络中某些路径上的信息和变化的状态。包含了星状结构和网状结构的无线传感网络具有混合网拓扑结构，如图 5-5（c）所示。这种拓扑结构兼具星状网的简洁和低功耗以及网状网的长传输距离和自愈性等优点。在混合网拓扑结构的无线传感网络中，路由器和中继器组成网状结构，而传感器节点则在它们周围呈星状分布。由于混合网的无线传感网络中具有中继器，因此，扩展了网络传输距离，提供了容故障能力。如果网络中的某个中继器发生故障或某条无线链路出现干扰时，网络可依靠其他路由器进行自组，不影响监测任务的完成。

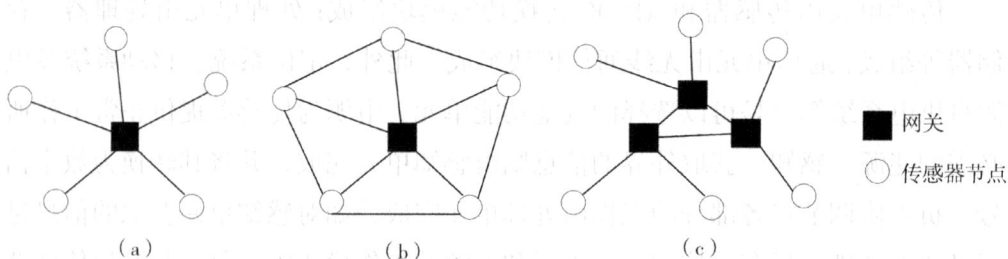

（a）　　　　（b）　　　　（c）

■ 网关
○ 传感器节点

图 5-5　无线传感网络拓扑结构

5.3.3 无线传感网络的协议栈

无线传感网络的传感器节点上的协议栈随着技术发展不断完善。研究人员早期提出的一个协议栈如图 5-6（a）所示，这个协议栈包括物理层、数据链路层、网络层、传输层和应用层，与互联网协议栈的五层协议相对应。此外，协议栈还包括能量管理平台、移动管理平台和任务管理平台。管理平台使得传感器节点能够按照能源高效的方式协同工作，在节点移动的无线传感网络中转发数据，并支持多任务和资源共享。各层协议和平台的功能如下：

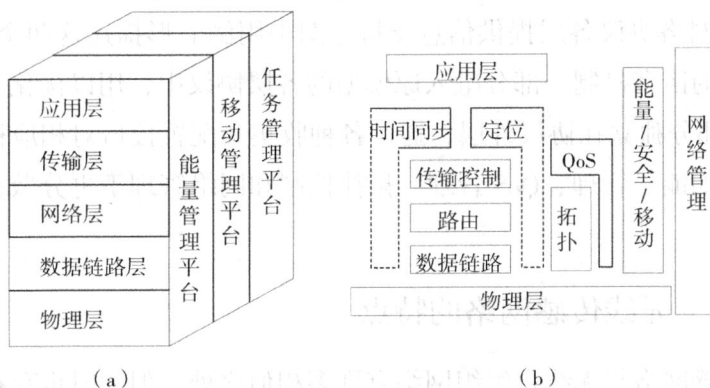

图 5-6 无线传感网络的协议栈

● 物理层负责数据传输的介质规范，规定了工作频段、工作温度、数据调制、信道编码、定时、同步等标准，提供简单但健壮的信号调制和无线收发技术。物理层的设计直接影响到硬件节点的复杂度和节点能耗等问题，其目标是设计小体积、低成本和低功耗的传感器硬件节点。

● 数据链路层除了要完成传统网络数据链路层的数据成帧、帧检测、媒体访问和差错控制等功能外，更重要的是设计一个适合无线传感网络的介质访问控制方法。合理与高效的介质访问控制方法能够有效地减少传感器节点收发控制性数据的比率，进而减少能量损耗。

● 网络层主要负责路由发现、路由维护和路由选择，使得传感器节点可以进行有效的相互通信。路由算法是网络层最核心的内容。路由算法执行效率的高低直接决定了传感器节点收发控制性数据与有效采集数据的比率，从而影响到整个无线传感网络的生存时间。

● 传输层负责数据流的传输控制，是保证通信服务质量的重要部分。

● 应用层包括了一系列基于监测任务的应用层软件。

● 考虑各个协议层能量节省，传感器节点如何使用能源由能量管理平台负责管理。

● 检测并注册传感器节点的移动、维护到汇聚节点的路由让传感器节点能够动态跟踪其邻居的位置，功能由移动管理平台实现。

● WSN 区域内平衡和调度监测任务由任务管理平台实现。

WSN 的协议栈细化并改进了的模型如图 5-6（b）所示。协议栈中的定位和时间同步两个子层既要依赖于数据传输通道进行协作定位和时间同步协商，同时又要为网络协议各层提供信息支持。图中用倒 L 形描述这两个功能子层。改进后模型的诸多机制一部分融入原模型的各层协议中，用以优化和管理协议流程；另一部分独立在协议外层，通过各种收集和配置接口对相应机制进行配置和监控。如能量管理、QoS 管理、拓扑控制和网络管理不再分散在各个单独的协议层中。

5.3.4　无线传感网络的特点

无线传感网络与无线自组织网络有许多相似之处，但同时也存在很大的差别，特别是两者的应用目标不同。无线自组织网络通过动态路由和移动管理技术以为用户提供高质量的数据传输服务为首要设计目标，其次才考虑节约能源。无线传感网络则以监控物理世界为主要目标，由于传感器节点能量、处理能力、存储能力和通信能力等都十分有限，因而如何使能源高效使用是其首要考虑的。

与传统网络相比，无线传感网络具有以下显著特点：

1. 超大规模

为了完成对物理世界的感知，获取精确信息，在监测区域中部署的传感器节点数量可能达到成千上万。无线传感网络主要是通过大规模、冗余的嵌入式设备的协同工作来提高系统的准确性和可靠性，而不是依靠单个节点设备的能力。

传感网络的大规模性具有如下优点：分布节点通过多角度多方位获得的信息有效提高了信噪比；通过分布式处理大量的采集信息能够提高监测的精确度，降低对单个节点传感器的精度要求；低成本高冗余的设计原则，使得系统具有较强的容错能力；大量节点形成覆盖面积较大的监测区域，并可借助个别移动节点对网络拓扑结构的调整，减少阴影或盲点。

2．无人值守

由于应用的需要，传感器节点通常由飞机撒布或是放置于危险区域执行监控任务，系统往往在无人值守的状态下工作。每个传感器节点只能依靠有限能量的电池供电，更换电源基本上是不可能的，由此导致的能源受限是阻碍无线传感网络发展的最重要原因之一。

3．无中心和自组织

在无线传感网络中没有绝对的控制中心，所有节点的地位平等，能够自动进行配置和管理，通过拓扑控制机制和网络协议协调彼此的行为，自动组织形成一个无线网络系统。

正因为没有中心，网络便不会因为单个节点由于能量耗尽或环境因素脱离网络而受到损坏，使得网络有较好的鲁棒性和抗毁性。在传感网络应用中，通过飞机撒布等方式使得节点的位置不能预先精确设定，节点之间的相互邻居关系也无法预先知道，这就必然要求传感器节点具有自组织的能力。

4．网络拓扑的动态性

在传感网络使用过程中，部分传感器节点由于能量耗尽或环境因素造成传感器节点出现故障或失效。为了弥补节点失效，将会有新节点被补充到网络中。传感网络中的节点个数的动态减少或增加，会使网络的拓扑结构随之动态地变化；此外，在一些终端移动的传感网络中，网络拓扑也会随着移动终端和无线通信链路带宽的变化而变化。传感网络的自组织性被要求能够适应这种网络拓扑结构的动态变化。

5．计算和存储能力有限

无线传感网络节点因为小体积、低成本、低功耗的特性必然导致其所具备的微处理器的处理能力和存储容量都比较小。在实际应用中，传感器节点需要完成监测数据的采集和转换、数据的传输和控制，甚至处理压缩与解压缩、加密与解密等多种任务，如何利用有限的计算和存储资源完成诸多协同任务成为传感网络设计的挑战。

6．传输能力有限

无线传感网络通过无线电波传输数据，由于无线信道本身的物理特性，它所提供的网络带宽相对于有线网络要低得多，通常仅有每秒几百 kb 的速率。

由于节点能量的变化以及受自然环境的影响，网络同时还要面临无线信号的冲突、信号衰减、噪声和信号间的相互干扰等多种因素，这决定了无线传感器节点传输数据的能力较为有限。无线通信的能量消耗与通信距离的关系为：

$$E=kdn \tag{2-1}$$

其中，参数 n 为路径损耗指数，满足关系 $2 < n < 4$，它决定路径损耗随距离增加而增大的速率。一般情况下，传感器节点部署贴近地面时，障碍物干扰就会增大，于是 n 的取值就大，此时随着距离的增加，能耗会急剧增加。因此，考虑到传感器节点的能量限制和较大的网络覆盖区域，多跳、对等的传输机制比传统的单跳、主从传输机制更适合在无线传感网络中使用。由于每跳的距离较短，无线通信可以在较低能耗下工作，多跳的传输机制还可以有效避免长距离单跳通信所带来的信号衰减和信号间的相互干扰问题。

7. 电源能量有限

无线传感网络节点通常部署在人烟稀少的危险区域，人员甚至不能到达，需要依靠飞机撒布。由于节点携带能量十分有限的电池，所以通过人工更换电池来补充传感器节点能源是不现实的。虽然也有系统会采用诸如太阳能、风能、震动转化的能量，但目前化学电池还是无线传感网络应用中主要使用的能量载体。因此，如何高效使用能量来最大化网络生命周期是传感网络面临的首要挑战。

8. 以数据为中心

无线传感网络是任务型的网络，脱离无线传感网络谈论传感器节点没有任何意义，因为在无线传感网络中，单个传感器节点已经失去了自身的个体特征，数据比传输处理数据的传感器节点位置更为重要。用户在使用传感网络时，直接将所关心的事件通告给网络，而不是通告给某个节点；用户也很少关心数据来自哪个节点，在用户眼中，他是在和整个网络进行交互而非某几个节点，这是和传统网络以主机地址为中心的交互方式的重要区别。所以，通常说传感网络是一个以数据为中心的网络。

5.3.5　无线传感网络操作系统介绍

无线传感网络操作系统是运行在每个传感器节点上的基础核心软件，它能够有效地管理硬件资源和任务的执行，并且使应用程序的开发更为方便。一方面，传感网络操作系统的目的是有效管理硬件资源和任务的执行，并且使用户不用直接在硬件上编写开发程序，从而使应用程序的开发更为方便。另一方面，传统的嵌入式操作系统不能适用于传感网络，这些操作系统对硬件资源有较高的要求，传感器节点的有限资源很难满足这些要求。

无线传感网络与一般的计算机网络有着很大的差异，存在一定的特殊性，所以其操作系统也与传统的操作系统有着较大的差异。但是同其他操作系统一样，无线传感网络操作系统也是为了对整个网络进行有效控制，提高软件的重用性，降低开发难度。其独特性在于资源极端受限（处理器速度、存储器大小、内存大小、通信带宽、资源数量以及电源受限），设备的特殊性和缺乏一致的抽象层次。因此，无线传感网络操作系统的设计目标是高效地使用传感器节点的有限资源，且能够对各种特定应用提供最大的支持。其设计策略应该是一个资源库，从中抽取一部分组成应用。它致力于提供有限资源的并发，而不是提供接口或形式。在面向无线传感网络的操作系统支持下，利用有限资源对整体系统进行高效率的事件处理、能源管理、命令处理和工作描述。

此外，在传感网络中，单个传感器节点有两个突出特点：一是它的并发性很密集，即可能存在多个需要同时执行的逻辑控制，需要操作系统能够有效地满足这种发生频率、并发程度很高、执行过程比较短的逻辑控制流程；另外，传感器节点的模块化程度很高，要求操作系统能够让应用程序方便地对硬件进行控制，且在保证不影响整体开销的前提下，应用程序的各个部分能够比较方便地进行重新组合。

到目前为止，国内外研究机构已经开发出一些无线传感网络操作系统。其中，使用最广泛的当属加州大学伯利克分校依托 Smartdust 项目开发出来的 TinyOS。

5.3.6　无线传感网络的应用

无线传感网络具有非常广阔的应用前景，在军事、健康护理、环境监测和预报、建筑物状态监控、智能家居、空间探索、复杂机械监控、城市交通、大型车间和仓库管理、人员定位、机场和大型工业园区的安全监测等众多领域得到广泛应用。

1．军事应用和环境观测．预报

无线传感网络具有可快速部署、可自组织、隐蔽性强和高容错性的特点，因此，通过飞机或炮弹直接将传感器节点播撒到敌方阵地内部，或者在公共隔离带部署无线传感网络，就能够非常隐蔽且近距离准确地收集战场信息，迅速获取有利于作战的信息。在军事 C4ISRT（Command Control Communication Computing Intelligence Surveillance Reconnaissance and Targeting）系统中，无线传感网络已经是必不可少的一部分，受到军事发达国家的普遍重视并投入了大量的人力和财力进行研究。

人类的生存环境日益恶化并受到越来越多的关注，无线传感网络可以为环境科学研究所涉及的广泛范围监测提供技术手段，可用于监视农作物灌溉情况、土壤空气情况、牲畜和家禽的环境状况、气象和地理研究、洪水监测和大面积的地表监测等广泛环境观测和预报应用。例如，美国加州大学伯克利分校英特尔实验室和大西洋学院联合在大鸭岛上部署了一个多层次的无线传感网络系统，用来监测岛上海燕的生活习性。

2．智能家居和医疗护理

通过在家电和家具中嵌入传感器节点，通过无线网络与 Internet 连接在一起，将会为人们提供更加舒适、方便和更具人性化的智能居家环境。例如，可以在回家之前半小时打开空调，这样回家的时候就可以直接享受适合的室温等。也可以通过图像传感设备、远程监控系统随时监控家庭安全情况。无线传感网络在智能家居方面的应用随着技术的发展将越来越多。

无线传感网络在医疗系统和健康护理方面也有着诸多的应用，例如，通过把特殊用途的传感器节点（如心率和血压监测设备）安装在住院病人身上，通过无线传感网络医生就可以随时了解被监护病人的病情，出现异常能够迅速抢救；另外，将由 100 个微型的传感器组成的人工视网膜植入人眼，传感器的无线通信可以满足反馈控制的需要，有利于图像的识别和确认，使失明者或者视力极差者能够恢复到一个可以接受的视力水平。

3．实时定位与建筑物状态监控

RFID 技术与无线传感网络结合的实时定位系统 (Real Time Location System, RTLS) 能够自动、连续、实时地追踪和记录贴有标签的人或物的位置。例如，在井下矿山人员和设备的定位管理系统中，通过给井下矿山人员和重要设备佩戴和黏贴 RFID 标签，利用在矿井巷道内部署的无线传感网络，可以帮助生产管理者实时掌握井下人员的动态分布及满足安全管理的需要，可实现考勤管理及快速指导矿井突发性事故的救援工作。

利用无线传感网络监控建筑物安全状态就是当前对建筑物状态监控 (Structure Healthy Monitoring，SHM) 的有效途径，由于建筑物不断修补，可能会存在一些安全隐患。例如，在地震多发区，虽然地壳偶尔的小震动可能不会带来看得见的损坏，但是也许会在支柱上产生潜在的裂缝，而这个裂缝可能会在下一次地震中导致建筑物倒塌。此外，诸如拉索桥钢索强度的实时监控等都可以利用无线传感网络及时采集建筑物当前是否安全、稳固的信息。

第6章　网络层与支撑层技术

本章重点

◎ 理解无线网络与无线定位技术

◎ 了解地理信息系统

◎ 了解卫星导航定位系统

◎ 理解云与大数据

6.1　无线网络

6.1.1　无线网络概述

物联网的出现使得各种物体之间的无缝连接成为可能，也标志着更加全面的互联互通成为可能。可以想象，在物联网中能够随时随地查询各种物体的状态，甚至还能够对这些物体进行观测、调整、控制，而实现这些功能的前提就是将它们连接起来。无线网络技术的发展使其成为可能，无线网络消除了有线网络对接入设备的位置限制，节省了相应的线缆，降低了信号传输设施的成本。这就意味着人们可以以相对低廉的价格，非常方便地使用各种移动设备在任何有无线信号覆盖的地方上网浏览、获取信息。物联网世界上中，大到飞机、火车和轮船，小到微处理器、微控制器和传感器，都将被连成一个整体。因此，无线网络是实现物联网互联互通的重要前提。

无线网络由无线连接、无线网络用户和基站等基本元素组成。无线连接是指无线网络用户与基站或者无线网络用户之间用以传输数据的通路（如无线电波、光波、微波等），不同的无线连接技术具有不同的数据传输速率和传输距离。无线网络用户是指具备无线通信能力，并可将无线通信信号转化为有效信息的终端设备（如手机、PDA、笔记本电脑等）。基站是负责在无线网络用户和它所属的上层网络之间进行信息传递的无线收发设备（如手机基站、Wi-Fi接入点等）。

基于采用不同技术和协议的无线连接的传输范围，可以将无线网络分为无线个域网（Wireless Personal Area Networks，WPAN）、无线局域网（Wireless Locate Area Networks，WLAN）、无线城域网（Wireless Metropolitan Area Networks，WMAN）和无线广域网（Wireless Wide Area Networks，WWAN）4 类，如图 6-1 所示。此外，无线网络还包含了一系列无线通信协议。例如无线广域网中的 3G/4G/5G、无线城域网中的 WiMax（IEEE802.16）、无线局域网中的 Wi-Fi（802.11）和无线个域网中的蓝牙等。

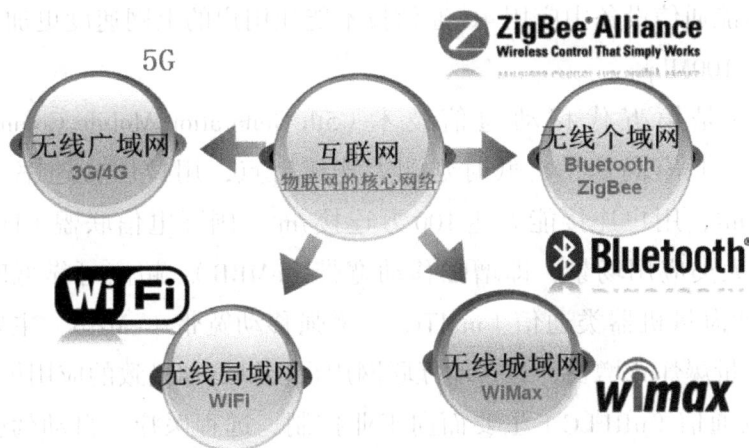

图 6-1　无线网络分类

6.1.2　无线广域网

无线广域网的连接信号可以覆盖整个城市甚至整个国家，其信号传播途径主要有两种：一种是通过多个相邻的地面基站接力来传播信号，另一种是通过通信卫星系统来传播信号；无线广域网包括 2G、2.5G、3G、4G 和 5G 系统。

2G 系统的带宽约为 10Kbps，其核心技术包括全球移动通信系统（Global Systemfor Mobile Communications，GSM）和码分多址数字无线技术（Code Division Multiple Access，CDMA）。

2.5G 系统的带宽为 100 ～ 400Kbps，在 2G 系统的基本架构上，增加了对文字、文件及图片等多媒体数据传输的支持。它的核心技术包括通用分组无线业务（General Packet Radio Service，GPRS）和增强型数据速率 GSM 演进技术（Enhanced DataRatesfor GSM Evolution，EDGE）。

3G 系统是指将无线通信与国际互联网等多媒体通信结合的新一代移动通信系统。带宽约为 2Mbps，其核心技术包括 2000 型 CDMA（CDMA-2000）、时分同步码分多址数字无线技术（Time Division Synchronous Code Division Multiple Access，TD-SCDMA）和通用移动通信系统（Universal Mobile Telecommunications System，UMTS）。

4G 系统是第四代的移动信息系统，是将 WLAN 技术和 3G 通信技术进行了很好的结合，使图像的传输速度更快，让传输图像的质量更好、看起来更加清晰。在智能通信设备中应用 4G 通信技术能让用户的上网速度更加迅速，速度可以高达 100Mbps。

5G 系统是第五代移动通信技术（5th Generation Mobile Communication Technology），具有高速率、低时延和大连接特点，用户体验速率达 1Gbps，时延低至 1ms，用户连接能力达 100 万连接 $/m^2$。国际电信联盟（ITU）定义了 5G 的三大类应用场景，即增强移动宽带（eMBB）、超高可靠低时延通信（uRLLC）和海量机器类通信（mMTC）。增强移动宽带（eMBB）主要面向移动互联网流量爆炸式增长，为移动互联网用户提供更加极致的应用体验；超高可靠低时延通信（uRLLC）主要面向工业控制、远程医疗、自动驾驶等对时延和可靠性具有极高要求的垂直行业应用需求；海量机器类通信（mMTC）主要面向智慧城市、智能家居、环境监测等以传感和数据采集为目标的应用需求。2018 年 6 月 3GPP 发布了第一个 5G 标准（Release-15），支持 5G 独立组网，重点满足增强移动宽带业务。2020 年 6 月 Release-16 版本标准发布，重点支持低时延高可靠业务，实现对 5G 车联网、工业互联网等应用的支持。Release-17（R17）版本标准将重点实现差异化物联网应用，实现中高速大连接，计划于 2022 年 6 月发布。

6.1.3　无线城域网

无线城域网基站的信号可以覆盖整个城市区域，覆盖范围从几千米到几十千米，主要为城市区域内的一些大楼、分散的社区提供无线通信手段以便接入互联网。除了提供固定的无线接入外，还提供具有移动性的接入能力，在无线信号覆盖区域内的用户可通过基站访问互联网等上层网络。

IEEE802.16 标准的全称是固定宽带无线访问系统空间接口（AirInterface for Fixed Broadband Wireless Access System），也称为无线城域网或无线本地环路标准。IEEE802 委员会于 1999 年成立了 802.16 工作组来专门为宽带无线接入的无线接口及其相关功能制定标准，它由三个小工作组组成，每个小工作组分别负责不同的方面：IEEE802.16.1 负责制定频率为 10 ～ 60GHz 的无线接口标准；IEEE802.16.2 负责制定宽带无线接入系统共存方面的标准；IEEE802.16.3 负责制定频率范围在 2 ～ 10GHz 间获得频率使用许可的应用的无线接口标准。802.16 标准提供两个物理层标准 802.16d 和 802.16e。802.16d 主要针对固定的无线网络部署，802.16e 主要针对火车、汽车等移动物体的无线通信标准问题。

全球微波互联接入技术（Worldwide Interoperability for Microwave Access，WiMAX）采用 IEEE802.16 系列标准，特别是 802.16a，能提供面向互联网的高速连接，基站的视线（Line of Sight，LoS）覆盖范围可达到 112.6kM。所谓"LoS"是指无线电波在相对空旷的区域以直线传播，但在建筑相对密集的城市中，无线电波会以非视线（None Line of Sight，NLoS）方式传输，802.16a 支持基站的非视线覆盖范围为 40km，WiMax 基站的传输带宽可达到 75Mbps。此外，WiMax 还具有服务质量（Quality of Service，QoS）保障、业务丰富多样等优点。当前，WiMax 正在成为继 Wi-Fi 之后最受业界关注的宽带无线接入技术。

6.1.4　无线局域网

无线局域网是一种利用射频技术，在一个局部区域内为用户提供可访问互联网等上层网络的无线连接。无线局域网的出现不是用来取代有线局域网，而是用来弥补有线局域网络的不足，以达到网络延伸的目的，使得用户可以在一个区域内随时随地访问互联网。无线局域网有两种工作模式，第一种基于基站（无线接入点 AP）的 Infrastructure 模式，无线设备（手机、笔记本电脑等）通过接入点访问上层网络；第二种基于自组织的 Ad-hoc 模式，这是一种特殊的自组织对等式多跳移动通信方式，网络中所有结点的地位平等，无须设置任何的中心控制结点。结点不仅具有普通无线终端所需的功能，而且具有报文转发能力。结点间的通信可能要经过多个中间结点的转发，即经过多跳。

为了使无线局域网协议区域标准化，在 1990 年，IEEE 启动了 802.11 项目，正式开始了无线局域网的标准化工作。802.11 主要用于解决办公室局域网和校园网中用户与用户终端的无线接入，业务主要限于数据存取，速率最高可以达到 2Mbps。由于 802.11 在速率和传输距离上都不能满足人们的需要，因此，IEEE 工作组又相继推出了 IEEE802.11a、IEEE802.11b、IEEE802.11e、IEEE802.11g、IEEE802.11n 等标准。大多数 802.11 协议标准的接入点覆盖范围在 100 米以内，802.11a 标准使用 5GHz 频段，支持的最大速度为 54Mbps，而 802.11b 和 802.11g 标准使用 2.4GHz 频段，分别支持最大 11Mbps 和 54Mbps 的速度。

无线局域网常用的各种无线网络协议标准如下：

●802.11a：高速 WLAN 协议，使用 5GHz 频段。最高传输速率 54Mbps，实际使用速率约为 22 ～ 26Mbps。缺点是与 802.11b 不兼容。

●802.11b：目前最流行的 WLAN 协议，使用 2.4GHz 频段。最高传输速率 11Mbps，实际使用速率根据距离和信号强度可变（50m 内可达到 11Mbps，150m 内可达到 1 ～ 2Mbps）。

●802.11g：是 802.11b 在同一频段上的扩展，最高传输速率可达到 54Mbps，兼容 802.11b。该标准已经战胜 802.11a 成为下一步无线数据网的标准。

●802.11n：使用 2.4GHz 频段和 5GHz 频段，传输速度为 300Mbps，最高可达 600Mbps，可向下兼容 802.11b、802.11g。

Wi-Fi 是一个基于 IEEE802.11 系列标准的无线网络通信技术的品牌，目的是改善基于 IEEE802.11 标准的无线网路产品之间的互通性，由 Wi-Fi 联盟（Wi-FiAlliance）所持有，简单来说 Wi-Fi 就是一种可以将个人电脑、移动设备（如 PDA、手机）等终端以无线方式互相连接的技术。Wi-Fi 的覆盖范围则可达 90m 左右，完全能够覆盖一间普通的办公室，甚至在小型楼宇中也可使用。因此，企业在实现自己的无线局域网时，Wi-Fi 是最受青睐的技术。

6.1.5　无线个域网

无线个域网也称为无线个人局域网，是为了实现活动半径小（工作范围一般在 10m 以内）、业务类型丰富、面向特定群体、无线无缝连接而提出的新兴

无线通信网络技术。在网络构成上，无线个域网位于整个网络链的末端，用于
实现同一地点终端与终端间的连接，其主要采用红外、蓝牙、ZigBee 和 UWB
等技术。无线个域网能够有效地解决"最后的几米电缆"问题，进而将无线联
网进行到底。

802.15 是由 IEEE 制定的一种应用于无线个域网的规范标准，具有距离
短、能耗小、成本低、适用于小型网络及通信设备等特征。802.15 工作组内有
四个任务组，分别制定适合不同应用的标准。这四个标准如下：

●802.15.1：是蓝牙低层协议的一个正式标准化版本。原始的 802.15.1 标
准基于蓝牙 1.1，目前大多数蓝牙器件中采用的都是这一版本。

●802.15.2：是对蓝牙和 802.15.1 的一些改变，其目的是减轻与基于
802.11b 和 802.11g 的无线网络之间的干扰。这些网络都使用 2.4GHz 频段，如
果想同时使用蓝牙和 Wi-Fi 的话，就需要使用 802.15.2。

●802.15.3：其目的在于实现高速率。最初它瞄准的是消费类器件，如电
视机和数码照相机等。其原始版本规定的速率高达 55Mbps，使用基于 802.11
但不兼容的物理层。

●802.15.4：属于短距离、低速率的无线个域网。它的设计目标是低功耗
（长电池寿命）、低成本和低速率。

无线个域网采用的主要技术如下：

1．红外传输技术

红外传输技术是以红外线作为载波来进行数据传递的技术，传输过程中不
需要实体连线，简单易用且实现成本较低，因而广泛应用于小型移动设备之
间交换数据和电器设备的控制中，如手机、笔记本电脑、PDA 等设备之间进
行数据交换；电视机、空调等家用电器的遥控，它是一种比较早的无线传输技
术，其覆盖范围仅为 1m 左右。

红外传输技术按照其传输速率不同，可以分为低速红外（Slow IR）和高速
红外（Fast IR），低速红外的传输速率为 115.2Kbps，它适用于传送简短的讯息、
文字或图片。高速红外的传输速率在 1～4Mbps。红外传输技术具有设备体积
小、成本低、功耗低和不需要频率申请等优势，但是由于其传输距离短，且只
能进行直线传输的缺点，目前已经逐渐被蓝牙技术所取代。

2. 蓝牙传输技术

蓝牙传输技术是以无线电波作为载波来进行数据传递的技术，也是目前普遍使用的短距离通信技术，能够在手机、PDA、笔记本电脑、无线耳机、计算机相关外设等众多设备之间进行无线信息交换。它使用分散式网络结构以及快跳频和短包技术，支持点对点和点对多点通信，采用时分双工传输方案实现全双工传输，工作在全球通用的 2.4GHz 频段，覆盖范围约为 10m，传输速率可以达 1Mbps 左右，新的蓝牙 3.0 标准可以达到 24Mb/s 的速率。

蓝牙技术从诞生至今一共出现过 5 个版本，通信半径从几米到上百米不等。通信半径越大，需要的发送功率也越大，能耗也会相应变大。在蓝牙通信中，一个蓝牙设备可以扮演两种角色，分别为主设备和从设备。同一个蓝牙设备可以在这两种角色之间转换。一个主蓝牙设备可以最多同时和七个从设备通信。在任意时刻，主设备单元可以向从设备单元中的任何一个发送信息，也可以用广播方式实现同时向多个从设备发送信息。利用蓝牙传输技术，能够有效地简化各种移动终端设备之间的通信以及设备与互联网之间的通信，从而使数据传输变得更加迅速高效，为无线传输拓宽了道路。

3. ZigBee 技术

在无线网络的使用过程中，人们发现蓝牙技术尽管有许多优点，但仍存在许多缺陷（如功耗大、距离短、组网规模小等）。在实际应用中，特别是工业自动化控制应用中，需要一种高可靠的，并能抵抗工业现场的各种电磁干扰进行无线数据传输的技术。在此需求下，ZigBee 技术应运而生。

ZigBee 技术是一种新兴的近距离、低速率、低功耗、低成本、自组网、低复杂度、安全可靠、扩展性好的双向无线通信技术，工作在 2.4GHz 频段，传输速率为 250Kbps，传输距离为 10 ~ 75m，主要适用于自动控制和远程控制领域，支持定位功能。它依据 IEEE802.15.4 标准，在数千个微小的传感器之间相互协调实现通信。这些传感器只需要很少的能量，以接力的方式通过无线电波将数据从一个传感器传到另一个传感器，所以它们的通信效率非常高。由于 ZigBee 低功耗的特点，使得配置的电源体积很小。ZigBee 的无线数据模块，集成化程度高，体积很小，便于安装和携带。

虽然 ZigBee 是一种短距离的通信技术，理论上通信距离是 75m，一般不超过 150m（视具体环境条件而定），其数据模块与子节点之间可以相互通信，且模块与模块之间、子节点与子节点之间也能相互通信。ZigBee 具有很强的扩展能力，模块之间可以随时随地自行组网，使得网络具有很大的伸缩性。一个无线传感网络（WSN）可以容纳 254 个子节点的无线数据模块和 1 个作为协调器的无线数据模块，一个区域内同时可以存在 254 个 WSN，即同时允许有 65000 多个无线数据模块。ZigBee 可以随时随地与局域网（LAN）或广域网（WAN）相连，实现各种远程控制能力。ZigBee 的投入成本和维护费用都比较低，使用 868MHz、915MHz 和 2.4GHz 的开放性频段。ZigBee 设计的初衷，就是为了能够实现测距、测向、定位的要求，这是其他无线网络技术无法具备的。

4. UWB 技术

超宽带（Ultra Wide Band，UWB）是利用纳秒至微微秒级的非正弦波窄脉冲进行传输数据的通信技术。与蓝牙和 Wi-Fi 等带宽相对较窄的传统无线技术不同，UWB 通过在较宽的频谱上传送极低功率的信号。其能在 10m 左右的范围内实现 100Mbps～1Gbps 的数据传输速率。UWB 具有抗干扰性能强、传输速率高、带宽极宽、能耗低、发送功率小等诸多优势，主要应用于室内通信、高速无线局域网、无绳电话、安全检测、精确定位、雷达等领域。有人称它为无线通信技术领域的一次革命性进展，认为它将成为未来短距离无线通信的主流技术。

UWB 技术虽然被看作一种新技术，但这项技术已经有几十年的历史了。UWB 最初的定义是来自于 20 世纪 60 年代兴起的脉冲通信技术，又称为脉冲无线电（Impulse Radio）技术。与在当今通信系统中广泛采用的载波调制技术不同，这种技术用上升沿和下降沿都很陡的基带脉冲直接通信，所以又称为基带传输（Baseband Transmission）或无载波（Carrierless）技术。

脉冲 UWB 技术的脉冲长度通常在亚纳秒量级，信号带宽经常达数千兆赫兹，比现有的无线通信技术的带宽大得多，所以最终在 1989 年被美国国防部称为超宽带技术。UWB 设备的平均发射功率很低，可以与其他无线通信系统"和谐的共存"。同时也有低能耗、低成本、保密性好、抗多径干扰等优点。但同时，脉冲 UWB 系统频谱利用率较低，不适合高数据率传输。另外，早期脉冲 UWB 技术的专利多掌握在一些小公司手中。因此，当近几年 Intel、TI、Motorola 等大公司开发高速 UWB 技术时，不约而同地摒弃了脉冲方法，转而对传统的载波调制技术进行改造，使其具有 UWB 技术的特点。目前在 IEEE802.15.3a 工作组中形成了多频带 MB-OFDM 和 DS-CDMA 两大方案竞争的格局。这两种方案都是对传统技术进行改进后用于满足 UWB 技术特征的。

同时，脉冲 UWB 技术成为无线个域网标准 IEEE802.15.4a 的重要候选技术。这个标准旨在提供低速率但覆盖范围较大、具有精确定位功能的近距离无线通信业务。

UWB 技术的应用：

（1）UWB 技术的应用场景可能首先出现在家庭。目前，"数字化家庭"的概念已经被提出。关注这一概念的消费电子厂商试图用网络将消费者家居中的各种电器用一个无线网络连接起来，使影音信息可以在这些电器之间传递和交换。支持"数字化家庭"的网络设备通常使用 IEEE802.11b 作为物理层技术。但是，这种技术的数据传输速率通常只有几兆，而高质量影音信号的数据率达到十几至几十兆，所以数据率可达 100Mbps 以上的 UWB 技术就成为"数字化家庭"的首选。

（2）UWB 技术的另一大应用场景是"数字化办公室"。现在，蓝牙技术已经使某些设备的无线互联成为可能。但是由于传输速率低，只能用于某些计算机外设（如鼠标、键盘、耳机等）与主机的连接。而 UWB 技术可以提供高达 100Mbps 以上的高速无线连接，这样就可以实现主机与显示屏和摄像头之间的无线互联。

（3）由于采用 UWB 技术能够方便地将定位与通信合二为一，因此可以用于监狱人员的精确定位。目前的一些人员定位技术定位精度低，只能实现区域定位，GPS 定位系统也只能工作在 GPS 定位卫星的可视范围之内。而 UWB 具有较强的穿透能力，可在室内和地下进行精确定位，与 GPS 提供绝对地理位置不同，它可以给出相对位置，其定位精度可达厘米级。

6.2 无线定位技术

无线定位技术在监狱管理中具有广泛的应用前景，无线定位技术可以应用于劳动工具管理、重要物品或危险品管理、资产管理、人员的跟踪定位、外来车辆的跟踪管理以及民警巡更等。

6.2.1　定位技术概述

在实际应用中，定位节点必须知道自己的位置才能详细说明在什么地点或什么区域发生了特定事件，实现对目标物体的定位。对移动目标而言，连续不断的定位就是跟踪。

根据定位节点获取信息的不同方式，定位方法可以分为距离相关（range-based）的定位方法和距离无关（range-free）的定位方法两大类。距离相关的定位方法通过测量节点间点到点的距离或角度信息，使用三边测量法、三角测量法或极大似然估计法计算节点位置；距离无关的定位方法则无须距离和角度信息，仅根据网络连通性等信息来判断实现。距离相关的定位方法常用的测距技术有 TOA、TDOA、RSSI 和 AOA 等。距离无关的常用算法有质心算法、DV-Hop 算法、Amorphous 算法和 APIT 算法等。还可以使用各种算法来减小测距误差对定位的影响，例如多次测量和循环定位求精等算法，但这些都要耗费大量计算和通信开销，对于低功耗、低成本的应用领域是一个挑战。

6.2.2　定位技术的基本原理和方法

目前，国内外各种无线定位技术层出不穷，但其中的基本原理都是相同的。要对一个物体作出定位，有两个关键：一是必须要有一个或多个已知坐标的信标节点；二是必须要得到待定位物体与已知信标节点之间的空间关系。

无线定位一般由以下三个步骤组成：

（1）测量无线信号的电参量（振幅、频率、相位、传播时间），根据信号的传播特性把测量的电参量转换为距离、距离差以及到达角度等，用来表示位置关系；

（2）运用各种算法或技术来计算目标的位置；

（3）对估计值进行优化，使目标的位置更准确。

在定位过程中，未知节点在获取对于邻近信标节点的距离，或获得邻近的信标节点与未知节点之间的相对角度后，可以使用下列几种方法计算节点的位置。

1. 三边测量法

三边测量法如图 6-2 所示，已知 A、B、C 三个节点的坐标分别为（x_a,

y_a)、(x_b，y_b)、(x_c，y_c)，以及它们到未知节点 D 的距离为 d_a，d_b，d_c，假设节点 D 的坐标为（x，y）。

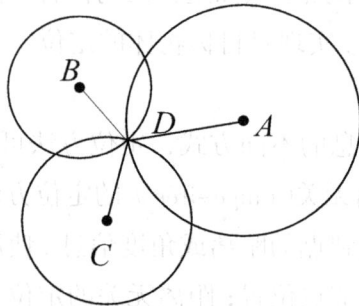

图 6-2　三边测量法

那么，存在下列公式：

$$\begin{cases} \sqrt{(x-x_a)^2+(y-y_a)^2}=d_a \\ \sqrt{(x-x_b)^2+(y-y_b)^2}=d_b \\ \sqrt{(x-x_c)^2+(y-y_c)^2}=d_c \end{cases} \quad (6-1)$$

由式（6-1）可以得到节点 D 的坐标：

$$\begin{bmatrix} x \\ y \end{bmatrix} \begin{bmatrix} 2(x_a-x_c)^2 & 2(y_a-y_c)^2 \\ 2(x_b-x_c)^2 & 2(y_b-y_c)^2 \end{bmatrix}^{-1} \begin{bmatrix} x_a^2-x_c^2+y_a^2-y_c^2+d_c^2-d_a^2 \\ x_b^2-x_c^2+y_b^2-y_c^2+d_c^2-d_b^2 \end{bmatrix} \quad (6-2)$$

2. 三角测量法

三角测量法如图 6-3 所示，已知 A、B、C 三个节点的坐标为（x_a，y_a）、（x_b，y_b）、（x_c，y_c)，节点 D 相对于节点 A、B、C 的角度分别为：$\angle ABD$，$\angle ADC$，$\angle DBC$，假设节点 D 的坐标为（x，y）。

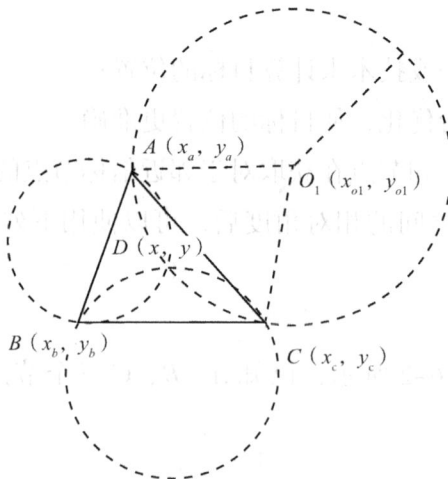

图 6-3　三角测量法

对于节点 A、C 和 $\angle ADC$，如果弧段 AC 在 $\triangle ABC$ 内，那么能够唯一确定一个圆，设圆心 O_1 (x_{o1}, y_{o1})，半径为 r_1，那么 $\alpha = \angle AO_1C = 2\pi - 2\angle ADC$，并存在下列公式：

$$\begin{cases} \sqrt{(x_{o1} - x_a)^2 + (y_{o1} - y_a)^2} = r_1 \\ \sqrt{(x_{o1} - x_b)^2 + (y_{o1} - y_b)^2} = r_1 \\ (x_a - x_c)^2 + (y_a - y_c)^2 = 2r_1^2 - 2r_1^2\cos\alpha \end{cases} \tag{6-3}$$

由上述公式就能够确定圆心 O_1 的坐标和半径 r_1。同理对 A、B、$\angle ADB$ 和 B、C、$\angle BDC$ 分别确定相应的圆心 O_2 (x_{o2}, y_{o2})、半径 r_2、圆心 O_3 (x_{o3}, y_{o3})、半径 r_3。

最后利用三边测量法，由点 D (x, y)，O_1 (x_{o1}, y_{o1})，O_2 (x_{o2}, y_{o2})，O_3 (x_{o3}, y_{o3}) 确定节点坐标。

3. 极大似然估计法

极大似然估计法如图 6-4 所示，已知 1、2、3 等 n 个节点的坐标分别为 (x_1, y_1)，(x_2, y_2)，(x_3, y_3)，$\cdots$，(x_n, y_n)，它们到节点 D 的距离分别为 d_1，d_2，d_3，$\cdots$，d_n，假设节点 D 的坐标为 (x, y)。

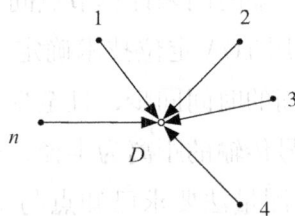

图 6-4　极大似然估计法

那么，存在下列公式：

$$\begin{cases} (x_1 - x)^2 + (y_1 - y)^2 = d_1^2 \\ \vdots \\ (x_n - x)^2 + (y_n - y)^2 = d_n^2 \end{cases}$$

从第一个方程开始分别减去最后一个方程，得

$$\begin{cases} x_1^2 - x_n^2 - 2(x_1 - x_n)x + y_1^2 - y_n^2 - 2(y_1 - y_n)y = d_1^2 - d_n^2 \\ \vdots \\ x_{n-1}^2 - x_n^2 - 2(x_{n-1} - x_n)x + y_{n-1}^2 - y_n^2 - 2(y_{n-1} - y_n)y = d_{n-1}^2 - d_n^2 \end{cases} \tag{6-5}$$

上述公式的线性方程表示方式为：$AX = b$，其中：

$$A = \begin{bmatrix} 2\,(x_1 - x_n)x & 2\,(y_1 - y_n) \\ \vdots & \vdots \\ 2\,(x_{n-1} - x_n) & 2\,(y_{n-1} - y_n) \end{bmatrix}, \quad b = \begin{bmatrix} x_1^2 - x_n^2 + y_1^2 - y_n^2 + d_n^2 - d_1^2 \\ \vdots \\ x_{n-1}^2 - x_n^2 + y_{n-1}^2 - y_n^2 + d_n^2 - d_{n-1}^2 \end{bmatrix}, \quad x = \begin{bmatrix} x \\ y \end{bmatrix}$$

使用标准的最小均方差估计方法可以得到节点 D 的坐标为：

$$\hat{X} = (A^T A)^{-1} A^T b$$

6.2.3　定位技术的分类

根据定位过程中是否测量实际节点间的距离，把定位算法分为：距离相关的（range-based）定位和距离无关的（range-free）定位。前者需要测量相邻节点间的绝对距离或方位，并利用节点间的实际距离来计算未知节点的位置；后者无须测量节点间的绝对距离或方位，而是利用节点间的估计距离计算节点位置。

1. 距离相关的定位

（1）基于到达时间的定位

基于到达时间（Time of Arrival，TOA）的定位方法的基本原理是：已知信号的传播速度，根据信号的传播时间来计算节点间的距离，最后利用已有算法计算出未知节点的位置。采用 TOA 定位技术确定一个未知节点的坐标，前提是必须保证每个信标节点之间的时间同步，且至少有三个已知的信标节点。以这三个信标节点为圆心，信号传输的距离为半径，所有圆弧的交接点就是未知节点定位计算的位置。TOA 测量法要求已知点与待测点时间严格同步，否则会带来很大的定位误差，若收发两端节点并未同步，但是参考节点间存在同步，可采用 TDOA 方案来定位。

信号传输的距离可以通过下列方法得出：例如从信标节点向未知节点发出一道波（可以是声波，也可以是电磁波），这道波从信标节点发出的时间为 t_0，波被未知节点接收到的时间为 t，波传播的速度为 v，那么信号传输的距离就是 $v\,(t - t_0)$。

（2）基于到达时间差的定位

基于到达时间差（TimeDifferenceofArrival，TDOA）的定位方法的基本原理：首先必须保证信标节点之间的时间同步。信标节点同时发射两种不同传播速度的无线信号，由于距离信标节点的距离差异，当未知节点的测量信号到达的时候，具有不同的时间戳，便可以求得未知节点和信标节点之间的距离，最后利用已有算法计算出未知节点的位置。

TDOA 在 TOA 的研究基础上提出了改进。TDOA 定位技术不需要参考站和待测点间的绝对同步。每两个信标节点被未知节点进行协同监听，并测出同一测量信号到达这两个信标节点的时间差。每两个信标节点形成一个双曲线，若干组信标节点同时得到一组双曲线，通过定位算法计算就可以得到移动终端的位置，其实现相对简单，理论上得出的测量值误差也会比 TOA 小。TDOA 方式是广泛采用的定位方案。

（3）基于信号特征的定位

TOA 和 TDOA 方法都有一个共同的不足之处：它们都需要在设备上安装特殊的装置（定位信号发射、接收装置）才能对这个设备进行定位。这无形之中制约了这些定位方法的应用范围。换个角度想，可以直接利用这些无线通信的射频信号来进行定位，这样也就不需要再额外安装定位专用硬件了，这就是基于信号特征（Received Signal Strength Indication，RSSI）的定位。RSSI 方法是待测点通过测出接收信号的场强值，由已知信道衰落模型及发射信号场强值估算出发射端到接收端间的距离，进而求出接收端的位置。用 RSSI 方法测距时，必须对信道的特性准确掌握，但实际中对信号传播模型的建模是相当复杂的，如反射、多径传播、非视距（Non Line of Sight，NLOS）、天线增益等问题都有相当的不确定性和时变性；发射功率和参考功率之间存在偏差将会引起距离估计上的系统性偏差，所有这些因素都会给基于此方法的测距定位带来误差。因此，基于 RSSI 的定位方案精度非常有限。

（4）基于到达角度的定位

基于到达角度（Angle of Arrival，AOA）的定位方法的基本原理：根据信标节点发送信号到达未知节点接收信号的角度，确定未知节点和信标节点的角度关系实现定位。角度达到这种定位技术的重要前提是信标节点需安装阵列天线。理论上未知节点只需要接收两组带角度到达信号，确定两组未知节点与两个信标节点角度之间的交点，就可以得到定位结果。AOA 定位过程可分为三个阶段：首先测定两个相邻节点之间的方位角，然后测量未知节点相对信标节点的方位角，最后利用方位信息计算未知节点的位置。AOA 定位技术所需阵列天线成本较高，由于存在覆盖盲点，有的区域无法同时得到两组移动终端与两个信标节点的角度到达信号。AOA 定位精度取决于波达角度的估计，超宽带信道极其复杂，在密集多径的情况下，AOA 定位方案很难达到较高精度，所以它一般作为其他定位方法的辅助方案。

2. 距离无关的定位

距离无关的定位算法倾向于大面积撒布网络节点，通过极低成本的大规模投放，在区域形成均匀分布的无线传感网络。常用的定位方法有质心算法、DV-Hop 算法、Amorphous 算法和 APIT 算法等方法。

（1）质心算法

质心算法的基本原理是：未知节点以所有在其通信范围内的信标节点的几何质心作为自己的估计位置。在质心算法中，信标节点周期性地向邻近节点广播信标节点分组，这个分组包含信标节点的标识号和位置信息。当未知节点接收到来自不同信标节点的分组数量超过某一个门限 k 或接收一定时间后，就确定自身位置为这些锚节点组成的多边形的质心。该方法的优点是简单和易于实现，缺点是精确度不高。估计的精确度与锚节点的密度以及分布有很大关系，密度越大，分布越均匀，定位精度越高。

（2）DV-Hop 算法

DV-Hop 算法的基本原理是：将未知节点到信标节点之间的距离用网络平均每跳距离和两者之间的跳数乘积表示。未知节点首选计算与信标节点的最小跳数，然后估算平均每跳的距离，利用最小跳数乘以平均每跳距离，得到未知节点与信标节点之间的估计距离，再利用三边测量法或极大似然法计算未知节点的坐标。DV-Hop 算法的定位过程分为三个阶段：首先计算未知节点与每个信标节点的最小跳数，然后计算未知节点与信标节点的实际跳段距离，最后利用三边测量法或极大似然法计算未知节点的坐标。

（3）Amorphous 算法

Amorphous 算法的基本原理是：利用两个节点之间跳段距离代表两者之间的直线距离，大致分为三个阶段。第一阶段，与 DV-Hop 定位算法相同，未知节点计算与每个信标节点之间的最小跳数；第二阶段，假设网络中节点的通信半径相同，平均每跳距离为节点的通信半径，未知节点计算到每个信标节点的跳段距离；第三阶段，利用三边测量法或极大似然算法，计算未知节点的位置。Amorphous 算法将节点的通信半径作为平均每跳段距离，所以定位误差大。

（4）APIT 算法

APIT 使用一个新的基于区域的方法来执行定位估测。其基本原理为：未知节点侦听所有听得见的信标节点，再从这些信标节点中任选 3 个不共线的信标节点构成一个三角形，通过近似三角形内点测试法确定未知节点是否在三角形中，测试所有的三角形组合，就可确定多个包含未知节点的三角形区域。这些三角形区域的交集是一个多边形，它确定了更小的包含未知节点的区域。假设集合中有 n 个节点，那么共有 C_N^3 种不同的选取方法，确定 C_N^3 个不同的三角形，逐一测试未知节点是否位于每个三角形内部，直至穷尽所有的组合，最后计算包含未知节点所有三角形的重叠区域，将重叠区域的质心作为未知节点的位置。

6.3　地理信息系统

6.3.1　GIS 基本概念

物联网的核心思想是通过感知设备对感知对象进行识别、定位、跟踪、监控和管理。在这种需求下，物联网就需要一种统一的能进行空间定位、空间分析的可视化地理信息平台，而 GIS 正好满足了这种需求。地理信息系统是在计算机软、硬件支持下，把各种地理信息按照空间分布及属性，以一定的格式输入、存储、检索、更新、显示、制图、综合分析和应用的技术系统。它是一门综合性的技术，涉及地理学、测绘学、计算机技术、大气科学、城市科学、管理科学等多门学科，其概念和基础来自地理学和测绘学，其支撑是计算机技术。

作为 GIS 物理外壳的计算机技术，它又由若干个相互关联的子系统构成，如数据采集子系统、数据管理子系统、数据处理和分析子系统、图像处理子系统、数据产品输出子系统等。这些子系统的优劣和结构直接影响着 GIS 的硬件平台、功能、效率、数据处理的方式和产品输出的类型。

GIS 的操作对象是空间数据和属性数据，即点、线、面、体这类具有三维要素的地理实体。空间数据的最根本特点是每一个数据都按统一的地理坐标进行编码，实现对其定位、定性和定量的描述，这是 GIS 区别于其他类型信息系统的根本标志，也是其技术难点之所在。

GIS 的技术优势在于它的数据综合、模拟与分析评价能力，可以得到常规方法或普通信息系统难以得到的重要信息，实现地理空间过程演化的模拟和预测。

GIS 与测绘学和地理学有着密切的关系。大地测量、工程测量、矿山测量、地籍测量、航空摄影测量和遥感技术为 GIS 中的空间实体提供各种不同比例尺和精度的定位数；电子速测仪、GPS 全球定位技术、解析或数字摄影测量工作站、遥感图像处理系统等现代测绘技术的使用，可直接、快速和自动地获取空间目标的数字信息，为 GIS 提供丰富和更为实时的信息源，并促使 GIS 向更高层次发展。所以，地理学是 GIS 的理论依托。

6.3.2　GIS 发展历史

GIS 的发展始于 20 世纪 60 年代，起源于加拿大。但由于当时计算机技术水平不高，存储量小，磁带存取速度慢，使得 GIS 的功能极为简单。20 世纪 70 年代以后，计算机软、硬件技术进一步发展，特别是大容量存储功能磁盘的使用，为地理空间数据的录入、存储、检索、输出提供了强有力的手段，使 GIS 朝着实用的方向迅速发展。美国、加拿大、英国、西德、瑞典、日本等发达国家先后建立了许多不同专题、不同规模、不同类型的各具特色的地理信息系统。70 年代的 GIS 和 60 年代相比，并未得到很大的扩充，其主要原因仍是数据库的容量较小，不足以支撑大量的空间数据和属性数据。因此，70 年代可以说是地理信息系统的巩固阶段。20 世纪 80 年代，由于新一代高性能计算机的普及和发展,GIS 也逐步走向成熟。GIS 的软、硬件投资大大降低而性能明显提高，GIS 也由单一功能的分散系统发展成为多功能的综合性信息系统，并开始向智能化发展。

我国地理信息系统的起步稍晚，但发展势头相当迅速，大致可分为以下三个阶段。

起步阶段。20 世纪 70 年代初期，我国开始推广电子计算机在测量、制图和遥感领域中的应用。随着国际遥感技术的发展，我国在 1974 年开始引进美国地球资源卫星图像，开展了遥感图像处理和解译工作。1976 年，我国召开了第一次遥感技术规划会议，形成了遥感技术试验和应用蓬勃发展的新局面，先后在全国各地进行遥感试验，为建立我国的地理信息系统数据库打下了坚实的基础。

试验阶段。进入 20 世纪 80 年代之后，我国开始执行"六五""七五"计划，国民经济全面发展。在大力开展遥感应用的同时，GIS 也全面进入试验阶段。在试验中主要研究数据规范和标准、空间数据库建设、数据处理和分析算法及应用软件的开发等。

全面发展阶段。90 年代以来，我国的 GIS 技术随着社会主义市场经济的发展走上了全面发展阶段。国家测绘局开始在全国范围内建立数字化测绘信息产业，1∶100 万地图数据库开始公开发售，1∶25 万地图数据库也已完成建库，并开始了全国 1∶10 万地图数据库生产与建库工作，各省（区、市）测绘局也开始建立省级 1∶1 万基础地理信息数据库。一些用于城市规划、土地管理、交通、电力及各种基础设施管理的城市地理信息系统在我国许多城市相继建立。

6.3.3 GIS 组成结构

GIS 主要由五个部分组成：硬件、软件、数据、模型和人员，如图 6-5 所示。其中，软件和硬件是 GIS 的核心，数据是 GIS 操作的对象，模型是 GIS 空间分析的方法和模式。人员是 GIS 成功应用的关键。

图 6-5 GIS 组成结构

（1）硬件：主要包括计算机主机、输入设备（如全站仪、GPS、扫描仪等）、输出设备（如打印机、绘图仪等）、存储设备（如光盘机、硬盘阵列等）和传输设备。

（2）软件：主要包括系统软件（如操作系统、系统库等）、基础软件（图形、数据库等）和 GIS 软件（GIS 基本功能软件、GIS 应用软件和用户界面）。

（3）数据：系统中最重要的部分就是数据。它包括基础数据（如地形、地貌、地质数据等）和专题数据（如国土资源、规划、交通、环保数据等）。

（4）模型：主要包括理论模型、经验模型和混合模型。模型是对现实世界的简化表示，也是解决各种实际问题的专业程序。

（5）人员：主要包括系统管理人员、系统开发人员、数据处理和分析人员以及最终用户。

从数据处理的角度出发，地理信息系统又被分为数据输入子系统、数据存储与检索子系统、数据分析和处理子系统、数据输出子系统。

（1）数据输入子系统：负责数据的采集、预处理和数据格式的转换。

（2）数据存储与检索子系统：负责数据库中数据的组织和管理，以便于数据查询、更新与编辑处理。

（3）数据分析与处理子系统：负责对数据库中数据的计算、分析和处理。如面积计算、体积计算、空间叠置分析、缓冲区分析等。

（4）数据输出子系统：以图形、图像、表格的方式将数据库中的数据和计算、分析结果输出到显示器或图纸上。

6.3.4　GIS 软件平台

在 GIS 中，软件部分直接关系到系统功能的强与弱。通常，GIS 中的软件系统具有层次结构。GIS 基本功能软件（又称 GIS 平台）通常是由商业软件公司开发的，它提供了 GIS 应用软件开发的环境。大部分 GIS 工程应用都是在某个 GIS 平台的基础上，通过二次开发完成的。国内外主要的 GIS 软件平台有以下几种。

1. ArcGIS

ArcGIS 是由美国环境系统研究所（ESRI）开发的一套 GIS 平台产品，具有强大的地图制作、空间数据管理、空间分析、空间信息整合、发布与共享的能力。其最新产品 ArcGIS10 是目前全球唯一支持云架构的 GIS 平台，可直接部署在 Amazon 云计算平台上，把对空间数据的管理、分析和处理功能送上云端。

2．MapInfo

MapInfo 是由美国 MapInfo 公司开发的桌面 GIS 平台，具有图形的输入与编辑、图形的查询与显示、数据库操作、空间分析和图形的输出等基本操作。它依据地图及其应用的概念，采用办公自动化的操作，集成多种数据库数据，使用地理数据库技术，加入 GIS 分析功能，是一种大众化的小型 GIS 平台。

3．GeoMedia

GeoMedia 是由美国 Intergraph 公司开发的基于空间数据仓库技术的 GIS 平台，该平台应用了数据仓库技术和 OpenGIS 概念，管理数据和分析数据的能力以及数据的安全性得到加强，实现了数据共享，兼容多种数据源。

4．GeoStar

GeoStar 是由武汉武大吉奥公司研发的国产自主知识产权的 GIS 平台。GeoStar 基于组件开发，支持多种数据库引擎，提供数据管理、图形编辑、空间分析、空间查询、制图、数据转换、元数据管理等功能，可适应多种用户、多种应用的需求。

5．MapGIS

MapGIS 是由武汉中地数码集团研发的具有完全自主知识产权的 GIS 平台，采用搭建式 GIS 数据中心集成开发平台，实现遥感处理与 GIS 完全融合，支持空中、地上、地表、地下全空间真三维一体化的 GIS 开发平台。

6．SuperMap

SuperMap 是由北京超图公司开发的具有完全自主知识产权的 GIS 平台，主要包括组件式 GIS 开发平台、服务式 GIS 开发平台、嵌入式 GIS 开发平台、桌面 GIS 平台、导航应用开发平台以及相关的空间数据生产、加工和管理工具。

6.3.5 GIS 应用领域

早期 GIS 主要应用于自动制图和土地信息管理，后来逐步扩展到军事、资源和环境管理、监测和预估等领域，随着 3S（GIS、GPS、RS 遥感技术）技术的成熟与相关学科的结合，GIS 已经进入政策分析与决策、经济规划、交通运输等所有涉及空间信息的行业和部门。

GIS 的主要应用领域有:

（1）资源管理:主要应用于农业和林业领域,解决农业和林业领域各种资源（如土地、森林、草场）分布、分级、统计、制图等问题。

（2）区域规划:空间规划是 GIS 的一个重要应用领域,城市规划和管理是其中的主要内容。在这类应用中,主要目标是保证资源的最合理配置和发挥最大效益。例如,在大规模城市基础设施建设中如何保证各种公共设施的合理分布。

（3）国土监测:有效用于森林火灾的预报预测、洪水灾情监测和淹没损失估算、土地利用动态变化分析和环境质量的评估研究等。

（4）军事战争:反映战场地理环境的空间结构;完成态势图标绘制,选择进攻路线,合理配置兵力,选择最佳瞄准点和打击核心,分析爆炸等级、范围、破坏程度,射击诸元等。

（5）抗震救灾:解决在发生洪水、地震、核事故等重大自然或人为灾害时,如何安排最佳的人员撤离路线,并配备相应的运输和保障设施的问题。

（6）网络分析:建立交通网络、地下管线网络等的计算机模型,研究交通流量、进行交通规划、处理地下管线突发事件（爆管、断路）等应急处理。警务和医疗救护的路径优选、车辆导航等也是 GIS 网络分析应用的实例。

（7）GIS 在监狱中的应用:在所有需要地理位置或信息的监狱管理活动中,都可以应用 GIS。例如在狱政管理中,使用 GIS 可以对警戒位置、巡更路线和分押区域等进行科学合理的设置;在应急指挥中,GIS 也可以作为应急响应或突出事件的部署与决策平台。当有罪犯逃脱事件发生时,利用 GIS 在地图上画一个圆,这个圆以罪犯最后出现的地点为圆心,以逃跑时间内可能移动的最大距离为半径,圆区域内的地形地貌立刻一览无遗。在圆周与各公路的交汇点处迅速设置关卡,同时组织警力在区域内进行搜索,大大缩短了响应时间,为追逃工作提供了有利条件。

GIS 与 BIM 数据的融合是目前比较热的研究点。BIM 即建筑信息模型（Building Information Modeling）。对于 GIS 来说,BIM 数据是 GIS 的另一个重要的数据来源,能够让 GIS 从宏观走向微观,从室外走向室内,实现室内外一体化的精细管理。在监狱管理的应用中,BIM 与 GIS 相结合可以为智慧监狱数字化管理提供各种应用管理（如数据整合、数量分析、空间管理等）,还可以结合其他技术（如物联网、大数据等），来增强智慧监狱管理的时效性与数据准确性。

6.4　卫星导航定位系统

6.4.1　卫星导航定位系统基本概念

全球卫星导航定位系统是指能在地球表面或近地空间的任何地点为用户提供全天候的三维坐标和速度以及时间信息的空基无线电导航定位系统。

从20世纪70年代后期全球定位系统建设开始，至2020年多星座构成的全球卫星导航系统（Global Navigation Satellite System, GNSS）均属于第2代导航卫星系统，它们包括美国的GPS、俄罗斯的格洛纳斯卫星导航系统（Global Navigation Satellite system, GLONASS）、中国的北斗卫星导航系统（BeiDou Navigation Satellite System, BDS）和欧洲的伽利略卫星导航系统（Galileo Navigation Satellite System, Galileo）等4个全球系统

1. 第一颗人造卫星发射

1957年10月4日，苏联成功发射了世界上第一颗人造地球卫星。在苏联发射这颗卫星入轨后不久，美国霍普金斯大学应用物理实验室的韦芬巴赫等研究人员，在地面已知坐标点上对其进行跟踪，捕获到该卫星发送的无线电信号，测得了它的多普勒频移，进而解算出了卫星的轨道参数，掌握了它在空间的实时位置。根据这一观察结果，该实验室的麦克雷等研究人员提出了一个"反向观测"设想：知道地面已知点，可求出在轨卫星的空间坐标；反之，如果知道卫星的轨道参数，也能求出地面观测者的坐标。随后通过一系列的计算和实验证明这一设想是科学可行的。

2. 子午卫星导航系统

1958年，美国派侦察船跟踪苏联向太平洋发射的导弹时发现，如果知道导弹轨迹，就可推算出船的位置，这一发现正好与"反向观测"的设想不谋而合。同年12月，美国海军委托霍普金斯大学应用物理实验室开始研制基于上述"反向观测"原理的世界上第一代卫星导航系统，即把在轨卫星作为空间的动态已知点，通过测量卫星的多普勒频移，解算出观测者的坐标数据，进而

实现军用舰艇等运动客体的导航定位。这一系统称为美国海军卫星导航系统（Navy Navigation Sate System，NNSS）。由于该系统的卫星通过地球的南北两极上空，即卫星是沿地球的子午圈轨道运行，所以又称为子午卫星导航系统，简称 TRANSIT。

3．全球定位系统（GPS）

TRANSIT 在导航技术的发展中具有划时代的意义，但它存在观测时间长、定位速度慢（2 小时才有一次卫星通过，定位一个点需要观测 2 天）的缺点，不能满足连续实时的三维导航要求，尤其不能满足飞机、导弹等高速运动目标的精确导航要求。于是，20 世纪 60 年代中期，美国海军提出了"Timation"计划，美国空军提出了"621B"计划，并开始实施。但在发射了数颗实验卫星和进行了大量实验后发现各自都还存在一些大的缺陷。在此背景下，1973 年美国国防部决定发展各军种都能使用的全球定位系统（GPS），并指定由空军牵头研制。多家单位参加了项目的实施，其中包括美国空军、陆军、海军、海军陆战队、海岸警卫队、运输部、国防地图测绘局、国防预研计划局，以及北大西洋公约组织和澳大利亚。在历时 20 多年，耗资数百亿美元后，于 1994 年 3 月 10 日，GPS 的 24 颗工作卫星全部进入预定轨道，系统全面投入正常运行，技术性能达到了预期目的，其中粗码（C/A 码）的定位精度高达 14m，远远超过设计指标。GPS 是美国继"阿波罗"登月飞船和航天飞机后的第三大航天技术工程。该系统是能在海、陆、空进行全方位、高精度实时定位、测速、授时的新一代卫星导航定位系统。它是现代科学技术的结晶，它的推广应用有力地促进了人类社会进步。

GPS 广泛的应用价值，引起了各国科学家的关注和研究。俄罗斯、欧洲以及中国的科学家，在积极开发利用 GPS 信号资源的同时，也在致力于研究各自的卫星导航定位系统。

4．北斗系统

北斗卫星导航系统（以下简称北斗系统）是中国着眼于国家安全和经济社会发展需要，自主建设运行的全球卫星导航系统，是为全球用户提供全天候、全天时、高精度的定位、导航和授时服务的国家重要时空基础设施。

20 世纪后期，中国开始探索适合国情的卫星导航系统发展道路，逐步形成了三步走发展战略：2000 年年底，建成北斗一号系统，向中国提供服务；

2012 年年底，建成北斗二号系统，向亚太地区提供服务；2020 年，建成北斗三号系统，向全球提供服务。

北斗系统由空间段、地面段和用户段三部分组成。

（1）空间段。北斗系统空间段由若干地球静止轨道卫星、倾斜地球同步轨道卫星和中圆地球轨道卫星等组成。

（2）地面段。北斗系统地面段包括主控站、时间同步 / 注入站和监测站等若干地面站，以及星间链路运行管理设施。

（3）用户段。北斗系统用户段包括北斗兼容其他卫星导航系统的芯片、模块、天线等基础产品，以及终端产品、应用系统与应用服务等。

北斗系统具有以下特点：一是北斗系统空间段采用三种轨道卫星组成的混合星座，与其他卫星导航系统相比，高轨卫星更多，抗遮挡能力更强，尤其低纬度地区性能优势更为明显。二是北斗系统提供多个频点的导航信号，能够通过多频信号组合使用等方式提高服务精度。三是北斗系统创新融合了导航与通信能力，具备定位导航授时、星基增强、地基增强、精密单点定位、短报文通信和国际搜救等多种服务能力。

自北斗系统提供服务以来，已在交通运输、农林渔业、水文监测、气象测报、通信授时、电力调度、救灾减灾、公共安全等领域得到广泛应用，服务国家重要基础设施，产生了显著的经济效益和社会效益。

6.4.2　卫星导航定位系统的组成

以 GPS 系统为例，卫星导航定位系统由空间部分、控制部分和用户部分组成。系统结构如图 6-6 所示。

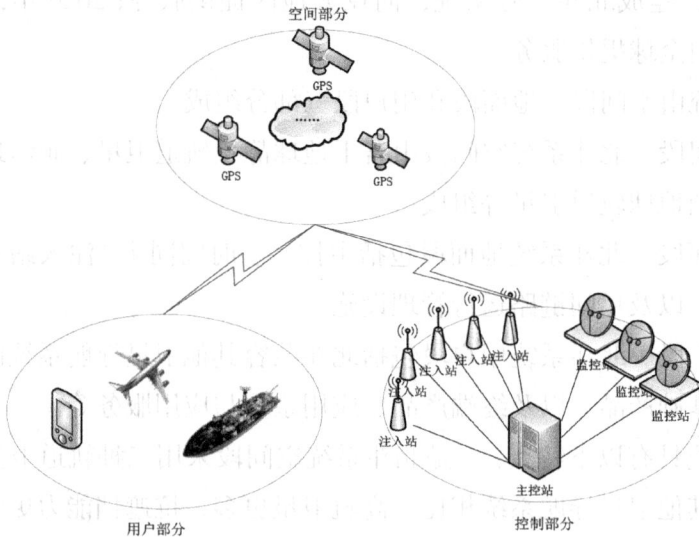

图 6-6   GPS 系统组成

1. 空间部分

GPS 的空间部分由 24 颗均匀分布在 6 个轨道面上（每个轨道面 4 颗）的工作卫星组成，分别位于距地表 20200km 的上空，轨道倾角为 55°。卫星的分布使得在全球任何地方、任何时间都可同时观测到 4 颗以上的卫星。

GPS 卫星实体是一个直径约 1.5m 的柱形设备；卫星两侧各有一块面积约 7m2 的太阳能电池翼板，为 GPS 卫星供电；卫星底部装多波束螺旋形定向天线阵，用于发射导航电文信号；波束方向能覆盖约半个地球；卫星上最核心的设备是 2 台铷原子钟和 2 台铯原子钟，为 GPS 定位提供高精度的时间基准。GPS 卫星产生两组电码，一组为 C/A 码（Coarse/Acquisition Code），另一组为 P 码（Precise Code）。C/A 码定位精度低，主要为民用；P 码定位精度高，抗干扰性强，主要为美国军方服务。

GPS 卫星的主要功能是：

（1）向地面发射导航电文，为 GPS 用户提供导航和定位信息。

（2）接收和执行地面监控站发出的指令。

（3）通过高精度的卫星钟（铯钟和铷钟）向用户提供精确的时间基准。

2. 地面控制部分

GPS 系统地面控制部分由 1 个主控站、3 个注入站和 5 个监控站组成，如图 6-7 所示。各站点的功能如下：

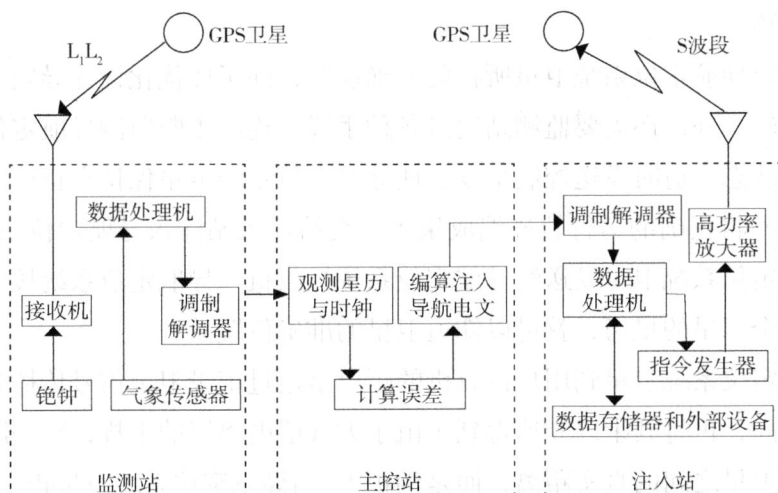

图6-7 GPS控制系统框图

（1）主控站。负责收集各监控站发来的信息；根据这些信息计算每颗卫星的星历，修正卫星时钟和轨道，给出时间基准，编制成一定格式的导航电文传送到注入站；对卫星、各注入站和监控站进行协调和监控，统筹整个地面控制系统的运转工作。

（2）注入站。负责把主控站传来的导航电文和控制指令注入GPS卫星。

（3）监控站。负责为主控站编算导航电文并提供各类监控数据和观测信息。监控站每隔一段时间对GPS卫星进行一次监测，监测内容主要有轨道信息、卫星时钟、气象要素和运行状态等数据，并将这些信息传给主控站。

3．用户设备部分

用户设备部分主要指GPS信号接收机。当接收机接受到卫星信号后，即可测量出接收天线到卫星的伪距离和距离的变化率，解调出卫星轨道参数等数据。根据这些数据，接收机中的微处理器就可以按照定位解算方法进行定位计算，计算出用户所在位置的经纬度和高度，以及移动速度和时间等信息。GPS接收机由天线单元和接收单元两部分组成，按用途可分为导航型、测地型和授时型；按工作原理可分为码相关型、平方型、混合型和干涉型。

6.4.3 卫星导航定位系统工作原理

卫星导航定位系统要实现定位，要解决两个问题：一个是要知道导航定位系统卫星的准确位置；另一个是要准确测量出导航定位系统卫星到用户接收机之间的距离。

要确定导航定位系统卫星所在的准确位置，除了要优化设计导航定位系统卫星运行轨道外，还需要监测站通过各种手段，连续不断监测导航定位系统卫星的运行状态，适时发送控制指令，使导航定位系统卫星保持在正确的运行轨道。主控站将正确的运行轨迹编成星历，交给注入站注入导航定位系统卫星，再由导航定位系统卫星发送给导航定位系统接收机。导航定位系统接收机只要接收到每个卫星的星历，就可以知道卫星的准确位置。

导航定位系统卫星到用户接收机的距离是通过记录卫星信号传播到用户所经历的时间，再将其乘以光速得到（由于大气层电离层的干扰，这一距离并不是用户与卫星之间的真实距离，而是伪距）。当导航定位系统卫星正常工作时，会不断地用二进制码组成的伪随机码（简称伪码）发射导航电文。导航电文包括卫星星历、工作状况、时钟修正、电离层延时修正、大气折射修正等信息。当用户接收到导航电文时，提取出卫星时间并将其与自己的时钟做对比便可得知卫星与用户的距离。

导航定位系统卫星的位置和导航定位系统卫星到用户接收机之间的距离都确定后，综合多颗卫星的数据可以得出接收机的具体位置。定位的基本原理为：已知未知点到已知点的距离，未知点就必然位于以已知点为球心、两点间距离为半径的球面上；如果已知 A、B、C 三颗卫星的在轨坐标，又测出了观测站距三颗卫星的距离，然后分别以这三颗卫星为球心，以测得的距离为半径，得到 3 个球面，而观测站就一定位于这三个球面的相交处（若有多个解，可通过接收方向的判断进行排除），从而准确地解算出观测站的位置。然而，由于用户接收机使用的时钟与卫星的星载时钟不可能总是同步，所以除了用户的三维坐标 x、y、z 外，还要引进一个变量 Δt，即将卫星与接收机之间的时间差作为未知数，然后用 4 个方程将这 4 个未知数求解出来。所以，如果要知道接收机所在的位置，至少需要接收到 4 颗卫星的信号。

6.4.4　卫星导航定位系统应用

当前，卫星导航定位系统的应用已经渗透到各行各业，尤其在交通运输领域中，导航定位系统的应用最为广泛。例如使用车载导航定位系统设备可以对车辆进行精确定位，结合电子地图以及实时的交通状况，自动匹配最优路径，并实行车辆的自主导航。民航运输通过导航定位系统接收设备，使驾驶员着陆时能准确对准跑道，同时还能使飞机紧凑排列，提高机场利用率，引导飞机安全进离场。出租车和物流配送等行业利用导航定位系统对车辆进行调度管理，合理分布车辆，以最快的速度响应用户的请求，降低能源消耗，节省运行成本。

　　将导航定位系统应用在监狱和社区矫正管理工作中，同样也能发挥它强大的作用。例如应用在罪犯的押解途中，在监狱在押人员外出就医、提审、转监等需要外出时除了对车辆进行定位管理外，还可以对车辆内部在押人员及押车民警进行全程监控，监控中心可随时了解在押运途中车辆及车内人员情况。每个车辆内配置车载导航定位系统定位器，用于定位车辆位置，并且车内安装读卡器，押运警察及在押人员佩戴身份卡，系统预制外出授权人员信息（时间段信息、人员信息），读卡器接收的信息将通过无线网络传输到人员定位管理系统。当车内人员在途中离开车辆时，系统发出告警信息，监狱监控中心即可及时获取信息。当车辆驶出监狱门岗系统自动设置为监控状态，安全抵达后系统自动转成空闲状态。如图 6-8 所示。

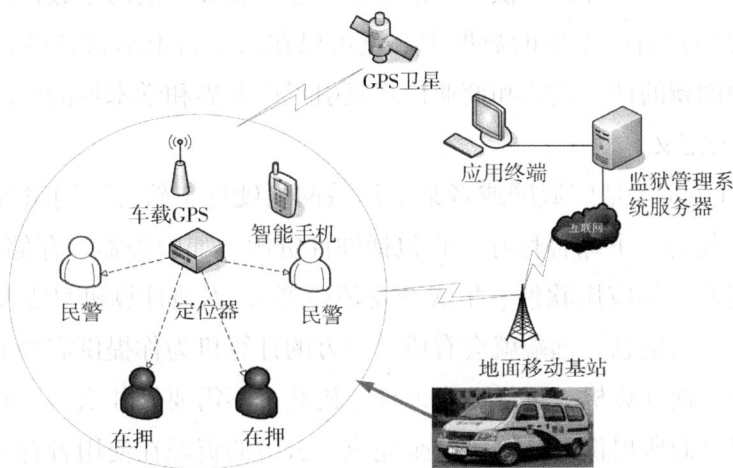

图 6-8　导航定位系统在罪犯押解途中的应用

　　在社区矫正管理中，可以应用导航定位系统实现对社区矫正人员的定位管理。通过手机的导航定位系统定位，矫正工作者能够 24 小时监督手机持有者的位置，并记录其行动轨迹。所有的信息显示并储存在辖区司法所的电脑上，并能定期对社区矫正人员进行电话抽查。将导航定位系统、GIS 和 RFID 技术相结合，可以限定矫正人员的活动范围，一旦出现矫正对象越界、人机分离、关机等异常情况时，会自动报警和备案，通知矫正工作者及时确定矫正人员所在位置。导航定位系统技术的应用，大大加强了对社区矫正人员的监督管理。

6.5 云与大数据

6.5.1 云计算定义

云计算（Cloud Computing）是对分布式计算（Distributed Computing）、并行计算（Parallel Computing）和网格计算（Grid Computing）及分布式数据库的改进处理和发展来的，其前身是利用并行计算解决大型问题的网格计算和将计算资源作为可计量服务提供的公用计算，在互联网宽带技术和虚拟化技术高速发展后萌生出云计算。云计算的核心思想是将大量用网络连接的计算资源统一管理和调度，构成一个计算资源池向用户按需服务。云计算的目标是将计算和存储简化为像公共的水和电一样易用的资源，用户只要连上网络即可方便地使用，按量付费。云计算提供了灵活的计算能力和高效的海量数据分析方法，企业不需要构建自己专用的数据中心就可以在云平台上运行各种各样的业务系统。这种创新的计算模式和商业模式吸引了产业界和学术界的广泛关注。

1. 云定义

云（Cloud）是广域网或者某个局域网内硬件、软件、网络等一系列资源合并在一起的一个综合称呼。它包括硬件资源（如服务器、存储器、CPU 等）和软件资源（如应用软件、集成开发环境等），本地计算机只需要通过互联网发送一个需求信息，远端就会有成千上万的计算机为你提供需要的资源并将结果返回到本地计算机，这样，本地计算机几乎不需要做什么，所有的处理都由云计算提供商所提供的计算机群来完成。云中的资源在使用者看来是可以无限扩展的，并且可以随时获取，按需使用，随时扩展。

之所以称为"云"，是因为它在某些方面具有现实中云的特征：云一般都较大；云的规模可以动态伸缩，它的边界是模糊的；云在空中飘忽不定，你无法也无须确定它的具体位置，但它确实存在于某处。

2．云计算定义

2006 年 8 月 9 日，Google 首席执行官埃里克·施密特（Eric Schmidt）在搜索引擎大会 SES（San Jose 2006）首次提出"云计算"（Cloud Computing）的概念。目前，对于云计算仍没有普遍一致的定义。狭义的云计算指信息技术基础设施的交付和使用模式，指通过网络以按需要和易扩展的方式获得所需资源。广义的云计算指厂商通过建立网络服务器集群，向各种不同类型客户提供在线软件服务、硬件租借、数据存储、计算分析等不同类型的服务。

经过这几年的发展，人们对云计算的理解也日趋深刻。云计算可以看成一个面向服务的计算平台，它通过互联网将大规模计算和存储资源整合起来，按需提供给用户，同时新型计算机资源的公共化方式，使得用户从繁重、复杂、易错的计算机管理中解放出来，只关注业务逻辑，从而降低了企业信息化的难度。

3．云计算的工作原理

以典型的云计算模式为例，用户通过终端设备连接到互联网，向云端提出需求；云端接收到用户发送的请求后，调度各种资源为用户提供服务。以前需要在用户终端上进行的各种复杂计算和处理过程可以全部转移到云端去完成。用户需要的各种应用程序不需要运行在本地的用户终端，而是运行在互联网上的服务器集群中；用户要处理的数据也不需要存储在本地，而是保存在互联网上的数据中心。提供云计算服务的企业负责服务器和数据中心的管理和维护，并为用户提供所需的计算能力和存储空间。用户只要接入到互联网，就能够访问云，最终实现随时随地，即需即用。

云计算是一种全新的信息技术，也是一种革命性的突破，它表示计算能力也可以作为一种商品进行流通，当然这种商品是通过互联网进行传输的。云计算作为下一代企业数据中心，基本形式为大量链接在一起的共享 IT 基础设施，不受本地和远程计算机资源的限制，可以方便地访问云中的"虚拟"资源，使云服务提供商和用户之间可以像访问网络一样进行交互操作。随着云计算理念和应用的推广，云计算的优势已经逐渐得到了越来越多的用户肯定。目前，Google、IBM、SUN、Amazon、Microsoft 等信息业巨头都已经参与到云计算研究和开发中。云计算的最终目标就是：在未来，只需要一台笔记本电脑或者一个手机，就可以通过网络服务来得到我们需要的一切服务，甚至包括实现超级计算这样的任务。

6.5.2　云计算架构

云计算充分利用网络和计算机技术实现资源的共享和服务，其基础架构可以描述如下。

1. 云计算体系结构

云计算平台是一个强大的"云"网络，连接了大量并发的网络计算和服务，可利用虚拟化技术扩展每一个服务器的能力，将各自的资源通过云计算平台结合起来，提供超级计算和存储能力。如图6-9所示。

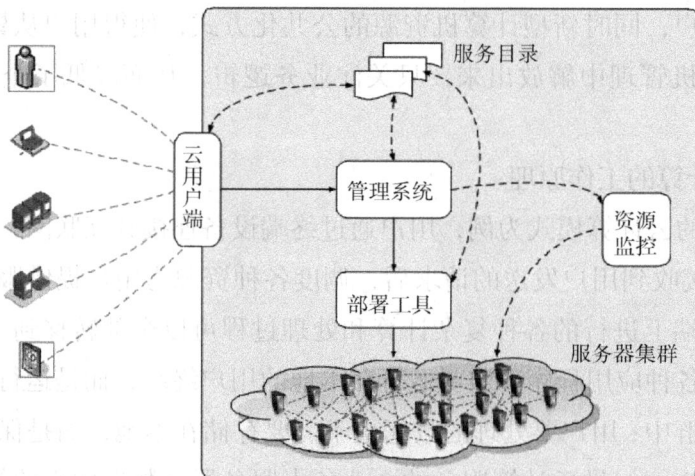

图6-9　云计算体系结构

（1）云用户端

云用户端是用户使用云的入口，它为云用户请求服务提供一个交互界面。用户通过Web浏览器进入这个交互界面，可以进行注册、登录、定制服务、配置和管理用户等操作。应用实例的打开与本地操作桌面系统一样。

（2）服务目录

云用户在登录并取得相应的权限后可以选择或定制服务列表，相应的服务以图标或列表的形式展示在云用户端界面，用户也可以对已经定制的服务进行退订操作，以及对自己的服务目录进行维护。

（3）管理系统

管理系统主要提供各种管理和服务功能。例如管理云用户、用户授权、认证、登录控制、可用计算资源和服务等。

（4）部署工具

部署工具可以接收来自服务目录的用户请求，根据用户请求转发到相应的应用程序，智能地、动态地调度资源进行部署、配置、应用和回收。

（5）资源监控

资源监控主要监控和统计云系统资源的使用情况，以便及时作出各种反应，完成节点的同步配置、负载均衡和资源监控，确保资源能够顺利分配给所需的用户。

（6）服务器集群

服务器集群就是各种服务器的统一集合，即将大量的服务器集中在一起进行同一种服务，在用户终端看来就像是只有一个服务器。服务器集群负责高并发量的用户请求处理、大运算量的计算处理以及各种各样的 Web 应用服务，可以利用多个服务器进行并行计算从而获得很高的计算速度，也可以使用多个服务器进行备份存储，从而使得任何一台服务器出现故障后，整个系统还能够正常运行。

2. 云计算技术体系结构

云计算技术体系层次主要从系统属性和设计思想角度来说明"云"，是对软硬件资源在云计算技术中所充当角色的说明。从云计算技术角度来分，它由 4 个部分构成：物理资源、虚拟化资源、服务管理中间件和服务接口。如图 6-10 所示。

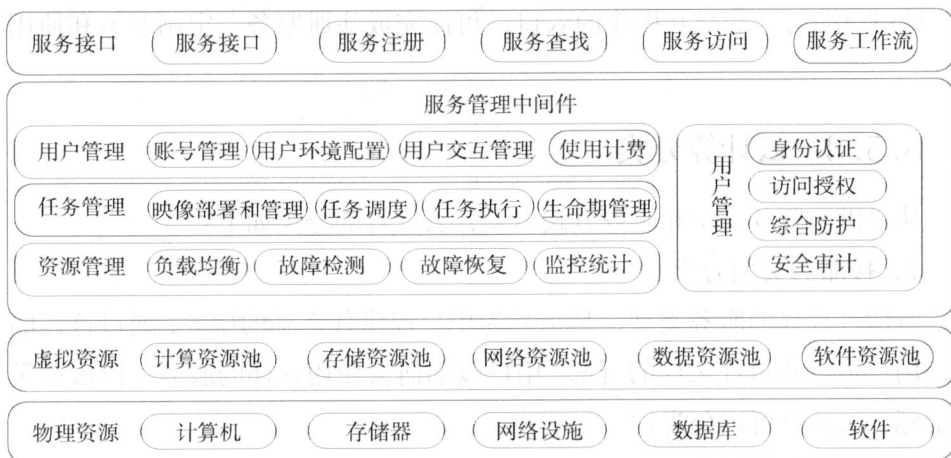

图 6-10　云计算技术系统结构

（1）物理资源

物理资源主要是指能支持计算机正常运行的一些硬件设备及技术，如计算机、存储器、网络设施、数据库和软件等；它们可以是价格低廉的 PC，也可以是价格昂贵的服务器及磁盘阵列等设备；可以通过现有网络技术、并行技术和分布式技术将分散的计算机组成一个能提供超强功能的集群用于云计算和云存储等。

（2）虚拟化资源

虚拟化资源是指一些可以实现一定操作，具有一定功能，但其本身是虚拟而不是真实的资源，如计算资源池、存储资源池、网络资源池和数据资源池等。通过软件技术来实现相关的虚拟化功能，包括虚拟环境、虚拟系统、虚拟平台。

（3）服务管理中间件

服务管理中间件负责对云计算的资源进行管理，如用户管理、任务管理、资源管理和安全管理，并对众多应用任务进行调度，使资源能够高效、安全地为应用提供服务。其用户管理包括用户账号管理、用户环境配置、用户交互管理和使用计费；任务管理包括映像部署和管理、任务调度、任务执行和生命周期管理；资源管理包括负载均衡、故障检测、故障恢复和监视统计；安全管理包括身份认证、访问授权、综合防护和安全审计。

（4）服务接口

服务接口是指统一规定使用云计算的各种规范、云计算服务的各种标准等；是用户端与云端交互操作的入口，可以完成注册服务、定制服务和使用服务等。

6.5.3　云计算分类

从提供的服务类型和服务方式出发，云计算的分类如下：

1. 按服务类型分类

所谓云计算的服务类型，是指其为用户提供什么样的服务；通过这样的服务，用户可以获得什么样的资源；用户该如何去使用这样的服务。以服务类型为指标，云计算可以分为：

（1）基础设施云（Infrastructure Cloud）

基础设施云为用户提供的是底层的、接近于直接操作硬件资源的服务接口。通过调用这些接口，用户可以直接获得计算和存储能力，而且非常自由灵活，几乎不受逻辑上的限制。但是，用户需要进行大量的工作来设计和实现自己的应用，因为基础设施云除了为用户提供计算和存储等基础功能外，不再提供其他任何应用类型的服务。

（2）平台云（Platform Cloud）

平台云为用户提供一个托管平台，用户可以将他们所开发和运营的应用托管到云平台中。但是，这个应用的开发和部署必须遵守该平台特定的规则和限制，如语言、编程框架、数据存储模型等。通常，能够在该平台上运行的应用类型也会受到一定的限制，比如 Google App Engine 主要为 Web 应用提供运行环境。但是，一旦客户的应用被开发和部署完成，所涉及的其他管理工作，如动态资源调整等，都将由该平台层负责。

（3）应用云（Application Cloud）

应用云为用户提供可以为其直接所用的应用，这些应用一般是基于浏览器的，针对某一项特定的功能。应用云最容易被用户使用，因为它们都是开发完成的软件，只需要进行一些定制就可以交付。但是，它们也是灵活性最低的，因为一种应用云只针对一种特定的功能，无法提供其他功能的应用。

2．按服务方式分类

从服务方式角度来划分，云计算可分为三种：为公众提供开放的计算、存储等服务的"公共云"，如百度的搜索和各种邮箱服务等；部署在防火墙内，为某个特定组织提供相应服务的"私有云"；以及将以上两种服务方式进行结合的"混合云"。

（1）公有云

公有云是企业和用户共享使用的云环境，用户所需的服务由一个独立的、第三方云提供商提供。同时，该云提供商也为其他用户提供服务，这些用户共享这个云提供商所拥有的资源。

（2）私有云

私有云是由某个企业或组织单独构建和使用的云环境，在私有云中，用户是这个企业或组织的内部成员，这些成员共享着该云计算环境所提供的所有资源，公司或组织以外的用户无法访问这个云计算环境提供的服务。

（3）混合云

混合云把公有云模式与私有云模式结合在一起，有助于提供按需的扩展。一般来说，一些对安全性和可靠性需求相对较低的中小型企业和创业公司可能选择公有云。而对安全性、可靠性及 IT 可监控性要求高的公司或组织，如金融机构、政府机关、大型企业等可能更倾向于选择私有云或混合云。

6.5.4　云计算服务

云计算的概念提出后，各大厂商都开始研发不同的云计算服务，如美国 Google 提供的 Google Earth、Picasa、Gmail、Docs 等服务，Amazon 利用虚拟化技术提供的 S3（Simple Storage Service）云计算服务，中国阿里巴巴、腾讯等企业也提供了自己的应用和服务。

云计算的表现形式多种多样，对于众多应用和服务，可以将其主要分为以下三种，如图 6-11 所示。

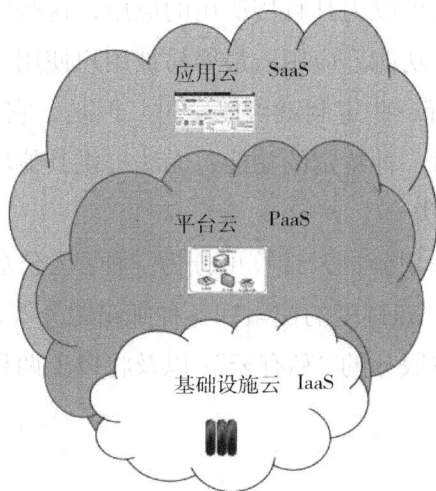

图 6-11　云服务层次分类

（1）SaaS 软件即服务（Software as a Service）

SaaS 是一种基于互联网，通过浏览器为用户提供软件服务的应用模式，它将应用软件统一部署在自己的服务器上，用户根据需求通过互联网向服务提供商订购应用软件服务，服务提供商根据用户定制软件的数量、时间和功能等因素收费，并通过浏览器向客户提供软件。从用户的角度看，可以省去服务器和软件购置上的开支；从服务提供商的角度看，降低了软件的管理和维护成本。在这种模式下，用户只需要支出少量的租赁服务费用，通过互联网便可以享受相应的软、硬件和维护服务，这是网络应用最具效益的营运模式。

（2）PaaS 平台即服务（Platform as a Service）

PaaS 是把开发环境作为一种服务来提供。这是一种分布式平台服务，厂商提供开发环境、服务器平台、硬件资源等服务给用户，用户可以在服务提供商的基础平台上开发自己的程序并通过互联网传给其他用户。PaaS 能够为企业或个人提供研发的中间平台，提供应用程序开发、数据库、应用服务器、托管及应用服务。例如 Google App Engine，它是一个由 Python 应用服务器集群、BigTable 以及 GFS 组成的平台，为开发者提供一体化的在线应用服务。

（3）基础设施服务 IaaS（Infrastructure as a Service）

IaaS 是指将服务器集群的基础设施，作为计量服务提供给用户。它将内存、输入输出设备、计算能力和存储整合成一个虚拟的资源池为用户提供所需的服务。这是一种托管型硬件方式，用户支付一定的费用使用提供商的硬件设施。例如 IBM 的"蓝云"就是将基础设施作为服务出租。这种应用模式的优点是用户只需低成本就可按需租用相应的计算能力和存储能力，大大降低了用户在硬件上的开销。

6.5.5 虚拟化技术

虚拟化技术是云计算的基石，是云计算最重要的支撑技术。目前的云计算融合了以虚拟化、服务管理自动化和标准化为代表的大量革新技术。

虚拟化是指计算机元件在虚拟的基础上而不是真实的基础上运行，是一个为简化管理、优化资源的解决方案，这种把有限固定的资源根据不同需求进行重新规划以达到最大利用率的思路就叫做虚拟化技术。虚拟化技术可以扩大硬件的容量，简化软件的重新配置过程。该技术实现了资源的逻辑抽象和统一表示，在服务器、网络及存储管理等方面都有着突出的优势，大大降低了管理复杂度，提高了资源利用率，提高了运营效率，从而有效地控制了成本。虚拟化技术有很多种，如服务器虚拟化、存储虚拟化、网络虚拟化、CPU 虚拟化、内存虚拟化、桌面虚拟化、应用虚拟化等。

云计算借助虚拟化技术的伸缩性和灵活性，可以提高资源利用率，简化资源和服务的管理与维护；利用信息服务自动化技术，将资源封装为服务交付给用户，减少了数据中心的运营成本；利用标准化，方便了服务的开发和交付，缩短了客户服务的上线时间。

本节根据监狱信息化实际情况，主要对服务器虚拟化、存储虚拟化技术和桌面虚拟化技术等作简单介绍。

1. 服务器虚拟化

服务器虚拟化技术即将服务器物理资源抽象成逻辑资源，让一台服务器变成几台甚至上百台相互隔离的虚拟服务器，不再受限于物理上的界限，而是让CPU、内存、磁盘、I/O 等硬件变成可以动态管理的"资源池"，从而提高资源的利用率，简化系统管理，实现服务器整合，让 IT 对业务的变化更具适应力。

由于在大规模数据中心管理和基于互联网的解决方案交付运营方面有着巨大的价值，服务器虚拟化技术受到人们的高度重视，人们普遍相信虚拟化将成为未来数据中心的重要组成部分。服务器虚拟化技术允许 IT 部门整合运行在多个操作系统和软件堆栈上面的工作负载并且动态分配平台资源，以便满足特定的业务和应用需求。

根据资料，通过对 IT 企业的长期追踪，发现维护一个系统的五年总费用由以下几个部分构成（将硬件的费用定义为 1），如表 6-1 所示。

表 6-1　一个系统五年总维护费用构成

费用	在五年总费用中的比例
硬件	1
电力和冷却系统等	0.25
网络和存储	0.8
软件费用	2～8
系统管理支持	5～10

对于 IT 业务系统来说，虚拟化带来的好处如下：

（1）提升系统的利用率，降低运营成本

①通过虚拟化进行整合，减少系统设备的数量，降低基础架构复杂度；

②简化基础架构的管理；

③通过整合节省机房空间；

④提高资源利用率，电源和冷却系统更高效。

（2）改进服务

①改进系统、网络和应用的性能；

②增加系统灵活性，使新的服务快速上线，提高服务水平。

（3）管理风险

①提高系统可用性、增强业务弹性；

②在进行数据管理和保证数据安全的同时，不影响数据可用性；

③加强系统恢复能力，减少系统中断时间；

虚拟化技术打破了数据中心、服务器、存储、网络、数据和应用的物理设备障碍，降低了动态基础架构的总体拥有成本，提高了弹性和灵活性。实施服务器虚拟化可以有效解决上述问题。表 6-2 展示了某用户实施虚拟化技术后的成本分析。服务器虚拟化技术的主流厂商包括 VMware、Microsoft、IBM、Citrix 等。

表 6-2　某用户实施虚拟化后的成本分析

费用	预计节省	分析
维护成本	69%～76%	服务器数量的减少降低了维护所需费用
软件	65%～69%	更少的服务器数量以及更少的 CPU 数量，显著降低软件的许可费用、升级和服务费用
人工	31%～45%	更少的服务器数量和简化的 IT 架构； 自动化的管理工具
运营成本	52%～61%	节省机房空间、空调、用电等

2．存储虚拟化

存储虚拟化是对存储硬件资源进行抽象化表现，通过将一个（或多个）目标服务或功能与其他附加的功能集成，统一提供有用的全面功能服务。典型的虚拟化包括：屏蔽系统的复杂性，增加或集成新的功能，仿真、整合或分解现有的服务功能等。虚拟化是作用在一个或者多个实体上的，而这些实体则是用来提供存储资源及服务的。

在当今的企业运行环境中，数据的增长速度非常之快，而企业管理数据能力的提高速度总是远远落后。通过虚拟化，许多既消耗时间又多次重复的工作，如备份、恢复、数据归档和存储资源分配等，可以通过自动化的方式来进行，大大减少了人工作业。因此，通过将数据管理工作纳入单一的自动化管理体系，存储虚拟化可以显著地缩短数据增长速度与企业数据管理能力之间的差距。将存储资源虚拟成一个"存储池"，这样做的好处是把许多零散的存储资源整合起来，从而提高整体利用率，同时降低系统管理成本。

目前实现存储虚拟化的方式主要有基于主机的存储虚拟化技术、基于存储子系统的存储虚拟化技术、基于网络的存储虚拟化技术三种。

（1）基于主机的存储虚拟化技术

服务器厂商在服务器端实施虚拟存储，软件厂商则在服务器平台上实施虚拟存储。这些虚拟存储的实施都是通过服务器端将镜像映射到外围存储设备上，除了分配数据外，对外围存储设备没有任何控制。服务器端一般是通过逻辑卷管理来实现虚拟存储技术。逻辑卷管理为从物理存储映射到逻辑上的卷提供了一个虚拟层。服务器只需要处理逻辑卷，而不用管理存储设备的物理参数。用这种方式构建虚拟存储系统，对服务器端性能要求较高。

（2）基于存储子系统的存储虚拟化技术

在存储子系统端的虚拟存储设备主要通过大规模的 RAID 子系统和多个 I/O 通道连接到服务器上，智能控制器提供 LUN 访问控制、缓存和其他如数据复制等的管理功能。这种方式的优点在于存储设备管理员对设备有完全的控制权，而且通过与服务器系统分开，可以将存储的管理与多种服务器操作系统隔离，并且可以很容易地调整硬件参数。

（3）基于网络的存储虚拟化技术

网络级存储虚拟化是由加入到存储网络 SAN Fabric 中的专用装置（Appliance）来实现的。这种专用装置实际上是装有存储虚拟化管理和应用软件的服务器平台。这个服务器平台可以横跨在 SAN Fabric 中间，把服务器和存储设备隔离——对称的（Symmetric）或带内的（In-band）存储虚拟化；也可以在旁边接入 SAN Fabric——不对称的（Asymmetric）或带外的（out-of-band）存储虚拟化。带 band 是指数据交换路径（data path）。

3．桌面虚拟化

桌面虚拟化技术是将用户的桌面环境与其使用的终端解耦合，在服务器端以虚拟镜像的形式统一存放和运行每个用户的桌面环境。它能通过界面来远程使用另一台计算机上运行的应用程序。瘦客户机就是一种典型的桌面虚拟化技术应用。

桌面虚拟化的前身是终端服务器。终端服务技术是一项应用广泛的成熟技术，客户机可以连接到终端服务器，在终端服务器上执行应用程序，然后把执行结果回传到客户机。这样一来，当客户机受到某些条件制约而无法在本机部署某些应用程序时，就可以借助终端服务器来运行程序，运算部分在服务器完成，客户机只是负责输入输出。有了终端服务技术之后，很多配置老旧的计算机重新获得了生机，应该说终端服务技术在提高计算机硬件利用率方面发挥了很大作用。

桌面虚拟化针对终端服务技术进行了改进。在桌面虚拟化中，用户在客户机上运行远程服务器上的应用程序时，不再需要得到整个服务器桌面，只需要看到应用程序运行的窗口。桌面虚拟化中的应用程序和客户端桌面实现了集成，在任务栏中有自己的条目，运行在自己的窗口中，看起来就像客户机的本地程序一样。漫游用户和移动用户是桌面虚拟化的最大受益者，因为他们无论在哪台计算机上登录，都会惊喜地发现所需要的应用程序已经"安装"好了，可以直接运行。除了上述优点，和终端服务技术相比，桌面虚拟化还显著地降低了网络资源的消耗，因为桌面虚拟化只需要显示应用程序的运行窗口就可以了，不再需要完整地显示整个终端服务器的桌面。

虚拟化是一种经过验证的软件技术，它正迅速改变着 IT 行业的面貌，并从根本上改变着人们的计算方式。如今，利用虚拟化可以在一台物理机上运行多个虚拟机，因而得以在多个环境间共享这一台计算机的资源。不同的虚拟机可以在同一台物理机上运行不同的操作系统以及多个应用程序。

监狱云平台采用虚拟化后，会带来如下优势：

（1）提高现有资源的利用程度：通过服务器整合将共用的基础架构资源聚合在池中，打破原有的"一台服务器一个应用程序"模式。

（2）通过缩减物理基础架构和提高服务器 / 管理员比率，降低数据中心成本：由于服务器及相关 IT 硬件更少，因此减少了占地空间，也减少了电力和制冷需求。采用更出色的管理工具可以提高服务器 / 管理员比率，因此人员需求也得以减少。

（3）提高硬件和应用程序的可用性，进而提高业务连续性：可安全地备份和迁移整个虚拟环境而不会出现服务中断。消除计划内停机，并可从计划外故障中立即恢复。

（4）实现了运营灵活性：由于采用动态资源管理，加快了服务器部署并改进了桌面和应用程序部署，因此可响应市场的变化。

（5）更灵活的访问和使用：用户对桌面的访问就不需要被限制在具体设备、具体地点和具体时间，通过任何一种满足接入要求的终端设备，就可以访问主计算机桌面。

（6）更广泛与简化的终端设备支持：由于所有的计算都放在服务器上，终端设备的要求将大大降低，不需要传统的台式机，而瘦客户端又重新回到人们的视野，而且智能手机、上网本、接近报废的 PC 等设备甚至于电视，都成为可用设备。在虚拟桌面的推动下，未来的企业 IT 可能更像一个电视网络，变得更加灵活、易用。

（7）终端设备采购、维护成本大大降低：这种 IT 架构的简化，带来的直接好处就是终端设备的采购成本大大下降。

（8）集中管理、统一配置，使用安全：由于计算发生在数据中心，所有桌面的管理和配置都在数据中心进行，管理员可以在数据中心对所有桌面和应用进行统一配置和管理。所有的数据和计算都发生在数据中心，则机密数据和信息不需要通过网络传递，增加了安全性。另外，这些数据也可以通过配置不允许下载到客户端，保证用户不会带走、传播机密信息。

6.5.6　大数据定义

继物联网、云计算后，大数据（Big Data）逐渐成为对于 ICT（Information and Communications Technology）产业具有深远影响的技术变革。大数据技术的发展与应用，将对社会的组织结构、国家的治理模式、企业的决策架构、商业的业务策略以及个人的生活方式产生深刻影响。

从目前学术界对大数据的研究看，大数据的出现是跨学科技术与应用的发展结果。"大数据将自然科学的方法应用到社会科学领域方面。自然科学家强调网络虚拟环境下对于密集型数据的研究方法，社会科学家则看重密集型数据后面隐藏的价值与推动社会发展的模式。"然而，无论从哪个角度看大数据将起到越来越重要的作用是一个共识。本章将介绍大数据的定义、特征、价值、发展概况以及大数据在监狱领域的应用。

大数据，或称巨量资料，其中的"大"是指大型数据集，一般在10Tb规模左右；多用户把多个数据集放在一起，形成Pb级的数据量；同时这些数据来自多种数据源，以实时、迭代的方式来实现。大数据所涉及的资料规模如此巨大，以至于几乎无法通过目前的主流软件工具，在合理时间内达到撷取、管理、处理，并整理成为能帮助企业实现经营决策目的的信息。大数据的数据规模超出传统数据库软件采集、存储、管理和分析等能力的范畴，涉及多种数据源、多种数据种类和格式，冲破了传统的结构化数据范畴，社会向着数据驱动型的预测、发展和决策方向转变，决策、组织、业务等行为日益基于数据和客观分析做出，而非基于主观经验和直觉。通过海量数据的整合共享、交叉复用，组合分析，可以从中获得新知识，创造新价值。

大数据应用的一个经典案例是2009年谷歌公司对甲型流感爆发的及时预测。传统疾病防控方式的信息统计往往具有一至两周的滞后性，这种滞后性导致公共卫生机构在疫情爆发的关键时期反而束手无策。然而谷歌通过运用大数据的理念和技术，实现了对疫情的第一时间的监控和预警。谷歌公司保存了全球多达每天30多亿条的网络搜索指令，它运用其强大的数据资源、处理能力和统计技术，对之前五年的搜索关键词与季节性流感爆发时间进行了比对，诸如"治疗咳嗽和发热的药物"这种词条，总共处理了4.5亿个不同的数学模型，最终确定了用包含45个词条的一个特定数学模型来预测即将发生的疫情。之后，通过对2009年类似网络搜索词条的统计和分析，谷歌准确并及时地预测了当年甲型流感在时间和空间上的传播范围，成为一个更有效、更及时的指示标，与滞后的官方统计结果形成了鲜明的对比。

6.5.7　大数据特征

大数据不能简单看成数据的集合，而是代表着一个由量到质的变化过程。这个数据规模质变后带来新的问题，即数据从静态变为动态，从简单的多维度变成巨量的维度，而且其种类日益丰富、无法控制。这些数据的分析处理涉及复杂的多模态高维计算过程，涉及异构媒体的统一语义描述和数据模型建设。

目前对于大数据基本特征的描述主要集中在"3V""4V"两种，"3V"即规模化（Volume）、快速化（Velocity）、多样化（Variety），"4V"则增加了潜藏价值（Value），也有文献将真实性（Veracity）作为第四个"V"。综合而言，可以从规模、变化频度、种类、价值和真实性 5 个维度进行理解。

（1）规模化：是指聚合在一起供分析的数据规模非常庞大。谷歌执行董事长艾瑞特·施密特曾说，现在全球每两天创造的数据规模等同于从人类文明至 2003 年间产生的数据量的总和。"大"是相对而言的概念，对于搜索引擎，EB（1024×1024）属于比较大的规模，对于各类数据库或数据分析软件而言，其规模量级会有比较大的差别。

（2）多样化：是指数据形态多样，从生成类型上分为交易数据、交互数据、传感数据；从数据来源上分为社交媒体、传感器数据、系统数据；从数据格式上分为文本、图片、音频、视频、光谱等；从数据关系上分为结构化、非结构化、半结构化数据；从数据所有者上分为公司数据、政府数据、社会数据等。

（3）快速化：一方面是数据的增长速度快，另一方面是对数据访问、处理、交付等速度的要求快。美国的马丁·希尔伯特说，数字数据储量每三年就会翻一倍。人类存储信息的速度比世界经济的增长速度快 4 倍。

（4）潜藏价值：大数据背后潜藏的价值非常巨大。美国社交网站 Facebook 有 10 亿用户，网站对这些用户信息进行分析后，广告商可根据结果精准投放广告。对广告商而言，10 亿用户数据价值上千亿美元。。

（5）真实性：一方面，对于虚拟网络环境下如此大量的数据需要采取措施确保其真实、客观，这是大数据技术与业务发展的迫切需求；另一方面，通过大数据分析，真实地还原和预测事物的本来面目或者是未来的发展趋势也是大数据发展的关键问题。

6.5.8　大数据价值

数据是信息的载体，具有其与生俱来的用途，这种基本用途被称为"一级用途"，相应的价值是"一级价值"，或者叫"基本价值"，大数据的重点就在于数据的分析和应用。例如，压力、温度等探测器的读数用来反映测量的物理量的大小；互联网上的搜索指令数据用来承载用户的搜索需求；监狱各类业务所产生的诸如计分考核等数据具有相应业务活动的基本用途，这些例子里的数据价值都是一级价值。

在大数据时代以前，一旦数据的基本用途实现了，人们便认为数据已经完成了它的使命，然而，数据的一级价值仅仅是数据价值的冰山一角。在谷歌预测流感的例子中，过去五年的搜索指令的基本用途仅仅体现在用户完成搜索的一瞬间，一级价值早已不复存在；然而时隔几年之后，原本沉睡的数据价值再次被唤醒，挖掘出了供及时监测疫情传播的量化指标。数据的这种基本价值之外的衍生价值，称为数据的二级价值。

数据的二级价值具有完全不同于一级价值的特点，主要体现为以下几点：

（1）数据具有足够的规模才能充分释放其二级价值，这是一个由量变到质变的过程。在上面预测流感的例子中，如果只有少量的数据，例如只有一年的历史数据，那么谷歌根据这些数据所筛选出的数学模型很可能是不够准确的，远远达不到与五年间官方流感数据 97% 的高度吻合。也就是说，释放二级价值，需要大数据。

（2）数据的二级价值与一级价值没有直接关系。例如，对"治疗咳嗽和发热的药物"等类似关键字的搜索仅具有提供搜索结果的用途；而经过数学处理，这个大数据的二级价值却是对某种特定疫情的预测，或者应用在其他的方面产出其他丰富多彩的二级价值。另外，有的数据甚至可以不具有一级价值却具有二级价值。例如用户在互联网搜索中出现的关键字的拼写错误，比如把"big data"写成"big date"，数据本身并不具有一级价值，因为根据错误的拼写并不能搜到用户想要的结果；然而搜索引擎公司仍然将互联网上数以百亿计的此类错误搜集和整理出来，制作成为全面、完整、低成本的拼写检查工具，其纠错库轻易就包含了各种语言、大量词汇、各种拼写错误方式（见图 6-12）；搜索引擎甚至根据用户对拼写错误提示的反馈来重复训练数学模型。从这个例子可以看出，本来应该丢弃的数据，在经过大数据应用之后，其无用的基本价值中却挖掘出了实实在在的的二级价值。

图 6-12　谷歌对无价值拼写错误的搜集与训练

第三，数据的二级价值在数据挖掘中得到体现，不同的挖掘方式体现不同的二级价值，不做挖掘则不体现二级价值；这与数据的基本价值很不一样，因为一级价值来自数据与生俱来的基本用途，与如何利用它没有任何关系；一级价值是单一的、固定的、不可扩展的，而二级价值则不然。

6.5.9 大数据参考模型

互联网、物联网、云计算等技术的发展为大数据提供了基础，互联网、物联网是大数据的数据来源；云计算的分布式存储和计算能力为大数据提供了技术支撑；而大数据的核心是数据处理。大数据技术并不是一种单独的技术，而是技术的集合。它融合了数据采集、数据存储、数据挖掘等关键技术，最终通过对海量数据进行分析，获得有巨大价值的产品和服务。

大数据技术参考模型如图 6-13 所示。

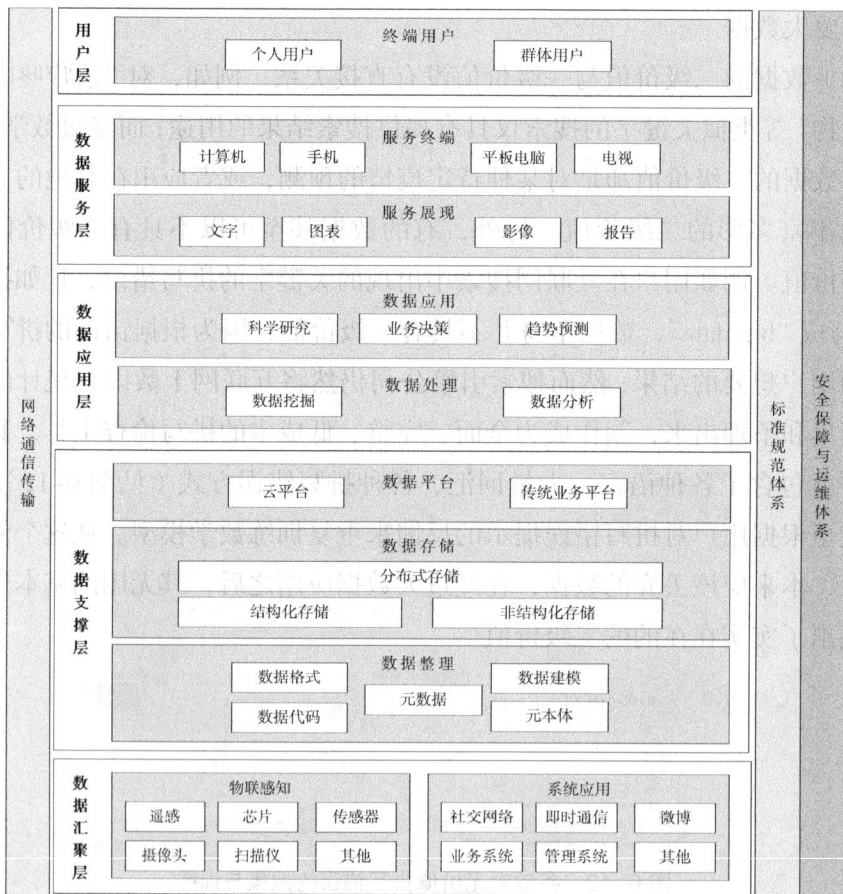

图 6-13 大数据技术参考模型

1．数据汇聚层

伴随着物联感知技术的发展和逐渐成熟，在系统应用之外，物联感知设备也在随时生成大量的数据。将系统应用和物联感知产生的海量数据进行汇聚，为之后的处理和应用提供基础资源。

2．数据支撑层

数据支撑层包含数据整理、数据存储和数据平台三个层次。数据整理层通过将数据汇聚层收集上来的数据进行整理和标识。通过对采集上来的数据进行建模后，利用数据格式和数据代码对数据进行规范，对于异构数据进行元数据管理从而将多媒体数据进行信息化描述，使得数据能够被计算机所识别和利用。数据存储层则通过利用在数据表示层进行了规范性描述的初步整理数据，按照系统设计需求，根据不同的场景选择合适的存储技术，为数据平台提供数据资源池。而数据平台则是将前期形成的规范性数据进行统一管理，并为数据交换提供一个完善的环境。数据支撑层就是将数据汇聚层收集上来的规模化、快速化、多样化和具有潜藏的价值的数据进行标准化处理，通过数据平台集中向外发布，为数据的业务处理和应用提供支撑。

3．数据应用层

数据应用层依托数据支撑层对数据进行处理和应用。在数据处理部分，对数据进行挖掘和分析，通过对大量非关联性数据进行的处理，产生出的结果作为数据服务进行提供。通过对海量数据的处理，从而为科学研究、业务决策及趋势分析提供必要的前提和依据。

4．数据服务层

数据服务层是将数据应用层产生的结果，利用不同的展现形式通过终端展现给用户。

5．用户层

用户层的分类抽象为个人用户和群体用户两个种类。

6．网络通信传输

网络通信传输作为一个支撑领域，贯穿于大数据的各个层次，作为各个层次之间的桥梁和通路，将其需要和产生的数据进行传输和交换，为数据的整个生命周期提供了一个全程贯通的通道，使得数据能够快速高效地被利用。

7．标准规范体系

大数据整体的标准体系需求，涉及各横向层次，指导和规范大数据环境下的整体建设，确保数据建设的开放性和可扩展性。

8．安全保障与运维体系

大数据需要完善的安全保障与运维体系，以提升数据传输、处理和利用的安全可控水平，为大数据提供可靠的信息安全保障环境。构建符合信息系统等级保护要求的安全体系结构，建立全程访问控制机制和安全应用支撑平台也是大数据应用的重中之重。

6.5.10　大数据应用技术

1．大数据汇聚技术

大数据环境下数据的主要来源是通过数据采集，数据采集分为传感器数据采集和应用系统数据汇聚。从数据的汇聚形式来说，现有的应用系统数据由于其结构化程度较高也更容易被利用，因此应用系统数据汇聚技术并不是大数据汇聚技术的关注重点。传感数据是对于现实世界的直观感知，并将感知结果转化为信息化数据。这部分感知数据能够更加真实地反应出最真实的数据，而大数据分析应用的基础就是数据的真实性。

传感技术近年的发展得益于物联网概念的广泛普及和应用，常用的传感器包括温度、压力、加速度等物理传感器，以及监控摄像机、无线射频传感器等。每种大数据的汇聚方式都能举出成功的例子。利用汽车座垫的压力传感器读数来确认驾驶员的身份就是利用传感技术产生大数据的例子。对监控视频产生的视频流大数据进行智能分析，可以确定超市顾客的购物路线以及在特定柜台停留的时间，更可以确定出某几种物品之间具有的关联关系，是否容易被同一类顾客选购，超市可以利用此信息推送广告，合理安排货物摆放次序，减少顾客采购难度，增加超市销量。无线射频传感器发出的无线射频信号可以用来确定传感器所处的位置，而大量的位置信息可以用在城市交通管理、道路规划、旅游监控及疏导、广告设置、嫌疑犯追捕等方方面面。

2．大数据支撑技术

大数据支撑技术主要包括数据建模、数据存储及基础平台架构等，这类技术主要是保证为数据应用提供优质的资源。

虽然大数据技术不仅仅是 Hadoop，但是 Hadoop 却是大数据技术最为直观的应用。Hadoop 是 Apache 软件基金会发起的一个项目，在大数据分析以及非结构化数据蔓延的背景下，Hadoop 受到了前所未有的关注。如今 Apache Hadoop 已成为大数据行业发展背后的驱动力。Hadoop 带来了廉价的处理大数据（大数据的数据容量通常是 PB 级或更多，同时数据种类多种多样，包括结构化、非结构化等）的能力。

Hadoop 框架最核心的设计就是：Map/Reduce 和 HDFS（Hadoop Distributed File System）。Map/Reduce 为海量的数据提供了计算，而 HDFS 则为海量的数据提供了存储，如图 6-14 所示。

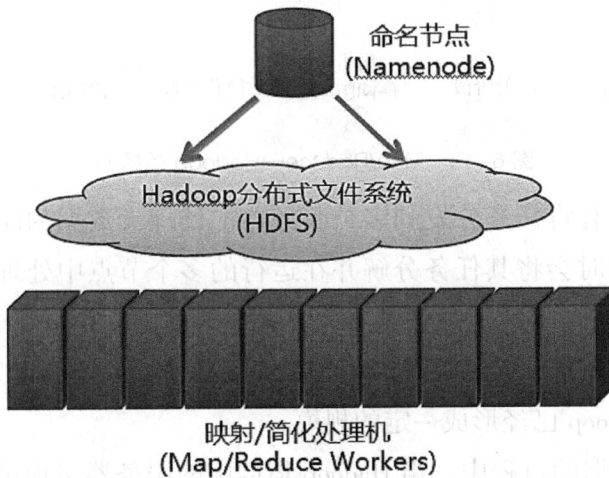

图 6-14　HDFS 和 MapReduce

Hadoop 实现了一个分布式文件系统，HDFS。HDFS 建立的思想是：一次写入、多次读取模式是最高效的，HDFS 是为以流式数据访问模式存储超大文件而设计的文件系统。HDFS 有高容错性的特点，并且设计用来部署在低廉的硬件上；而且提供高吞吐量来访问应用程序的数据，适合那些有着超大数据集的应用程序，这就是 Hadoop 与传统数据处理方式最大的不同。

Google 的网络搜索引擎在得益于算法发挥作用的同时，Map/Reduce 在后台发挥了极大的作用。Map/Reduce 框架成为当今大数据处理背后的最具影响力的"发动机"。除了 Hadoop，还会在 Map/Reduce 上发现 MPP（Sybase IQ 推出了列示数据库）和 NoSQL（如 Vertica 和 MongoDB），Map/Reduce 的工作原理如图 6-15 所示。

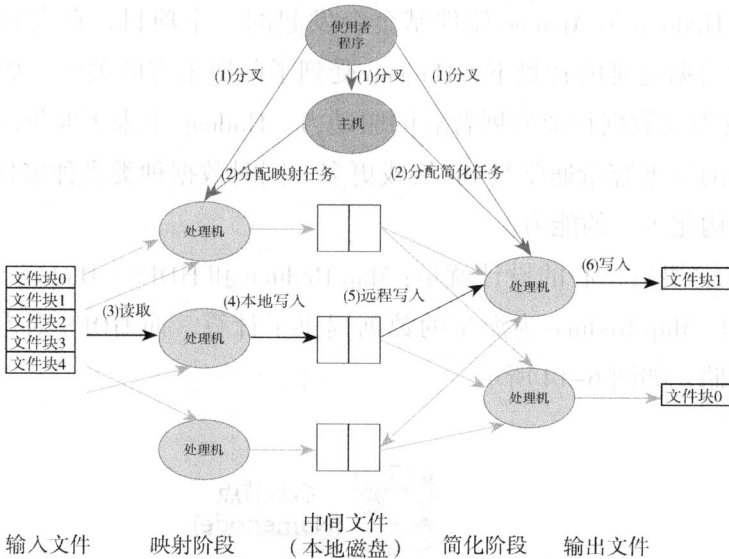

图 6-15　Map/Reduce—Hadoop 的核心

Map/Reduce 有将任务分发到多个服务器上处理大数据的能力，当处理一个大数据集查询时会将其任务分解并在运行的多个节点中处理，从而解决数据量很大时无法及时在一台服务器上处理的问题。Yahoo 在 2006 年看到了 Hadoop 未来的潜力，并邀请 Hadoop 创始人 Doug Cutting 着手发展 Hadoop 技术。2008 年 Hadoop 已经形成一定的规模。

在处理大数据的过程中，当 Hadoop 集群中的服务器出现错误时，整个计算过程并不会终止。HDFS 可保障在整个集群中发生故障错误时的数据冗余。当计算完成时将结果写入 HDFS 的一个节点之中。HDFS 对存储的数据格式并无苛刻的要求，数据可以是非结构化或其他类别。

HDFS 是为了达到高数据吞吐量而优化的，但这是以延迟为代价的，对于低延迟访问，可以用 HBase。HBase 是 Hadoop 项目的子项目，HBase 作为面向列的数据库，运行在 HDFS 之上，HBase 以 Google BigTable 为蓝本，利用 MapReduce 来处理内部的海量数据，在 Hadoop 之上提供了类似于 BigTable 的能力。Sqoop 是一个用来将 Hadoop 和关系型数据库中的数据相互转移的工具，可以将一个关系型数据库（如 MySQL、Oracle 等）中的数据导进到 Hadoop 的 HDFS 中，也可以将 HDFS 的数据导进到关系型数据库中。HBase、Sqoop 改善数据访问的原理如图 6-16 所示。

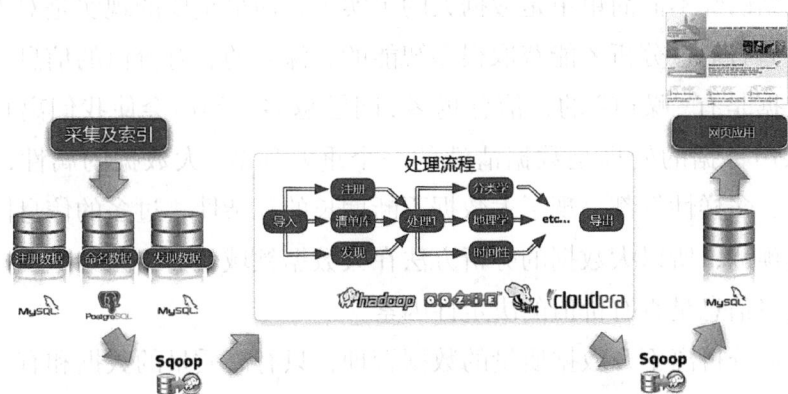

图 6-16　HBase、Sqoop 数据访问

3．大数据处理技术

（1）数据挖掘 DM（Data Mining）

数据挖掘又称为知识发现（Knowledge Discovery），是通过分析每个数据，从大量数据中寻找其规律的技术。知识发现过程通常由数据准备、规律寻找和规律表示三个阶段组成。数据准备是从数据中心存储的数据中选取所需数据并整合成用于数据挖掘的数据集；规律寻找是用某种方法将数据集所含规律找出来；规律表示则是尽可能以用户可理解的方式（如可视化）将找出的规律表示出来。

大数据分析的理论核心就是数据挖掘，基于不同的数据类型和格式的各种数据挖掘算法，可以更加科学地呈现出数据本身具备的特点；另外，正是基于这些数据挖掘算法才能更快速地处理大数据。

数据挖掘是一种决策支持过程，它主要基于模糊数学、运筹学、人工智能、机器学习、统计学等技术，高度自动化地分析企业积累的大量的、不完全的、模糊的数据，做出归纳性的推理，从中挖掘出潜在的信息和规律，预测客户的行为，帮助企业的决策者调整市场策略，减少风险，做出正确的决策。例如，在网上购物时遇到的提示"浏览了该商品的人还浏览了如下商品"，就是在对大量的购买者"行为轨迹"数据进行记录和挖掘分析的基础上，捕捉总结购买者共性的习惯行为，并针对性地利用每一次购买机会而推出的销售策略。

（2）数据分析 DA（Data Analysis）

大数据已经不简简单单是数据大的事实了，而最重要的现实是对大数据进行分析，只有通过分析才能获取很多智能的、深入的、有价值的信息。

大数据是有"噪声"的，信息越多，问题越多，噪声会使我们离真相越来越远。噪声数据的处理是数据清洗的一个重要环节，大数据的属性，包括数量、速度、多样性等都呈现了大数据不断增长的复杂性，过多的信息同样会干扰正确的预测，所以大数据的分析方法在大数据领域就显得尤为重要，可以说是决定最终信息是否有价值的决定性因素。

大数据分析离不开数据质量的数据管理，只有高质量的数据和有效的数据管理，才能够保证分析结果的真实和有价值。大数据分析最重要的应用领域就是预测性分析，即从大数据中挖掘出特点，通过建立科学的模型，从而预测未来的数据。

数据挖掘和分析常用的相关方法有神经网络方法、遗传算法、决策树方法、粗集方法、覆盖正例排斥反例方法、统计分析方法、模糊集方法等。

（3）商务智能 BI（Business Intelligence）

商务智能是指用现代数据仓库技术 DW、线上分析处理技术 OLAP、数据挖掘和数据展现技术进行数据分析，并将其转换成知识、分析和结论，辅助决策者做出正确且明智的决定以实现用户价值。商务智能是一种帮助用户更好地利用数据提高决策质量的技术。它是一套完整的解决方案：为了将数据转化为知识，商务智能需要综合利用数据抽取转换装载 ETL、数据仓库、线上分析处理、数据挖掘、分析模型、数据展现等多种技术，用来将企业中现有的数据进行有效的整合，快速准确地提供报表并提出决策依据，帮助企业做出明智的业务经营决策（见图6–17）。

在线分析处理 OLAP 技术是由关系数据库之父 E.F.Codd 于1993年提出的一种数据动态分析模型，它允许以一种称为多维数据集的多维结构访问来自商业数据源的经过聚合和组织整理的数据。它包括三个主要的功能：动态的多维角度分析数据；对数据进行钻取，以获得更加准确的信息；创建数据 CUBE。OLAP 通常的功能还包括数据旋转（变换观察维组合顺序）、数据切片（过滤无关数据，对指定数据进行重点观察），以及对数据进行跨行列运算。OLAP 帮助分析人员、管理人员从多种角度把原始数据中转化出来、能够真正为用户所理解的，并真实反映数据维特性的信息，进行快速、一致、交互地访问。

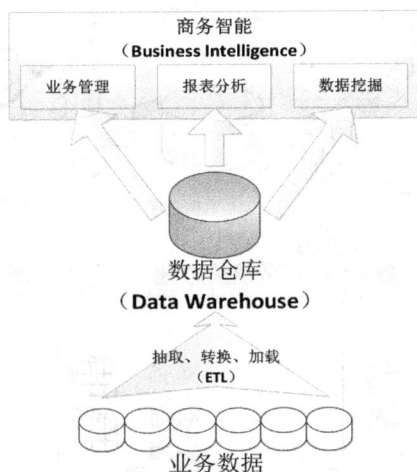

图 6-17 BI 架构

数据仓库是商务智能的基础，许多基本报表可以由此生成，而它更重要的用处是作为进一步分析的数据源。多维分析和数据挖掘是最常用到的分析方法，数据仓库能供给它们所需要的、整齐一致的数据。数据仓库由数据库（DBMS）、数据（Data）、索引（Index）三部分构成。数据仓库系统体系结构如图 6-18 所示。

数据仓库 DW 是基于整个企业的数据模型建立的，它面向企业范围内的主题。数据集市 DM（Data Mart），也叫数据市场，则是按照某一特定部门的决策支持需求而组织起来的、针对一组特定主题的应用系统。ODS（Operational Data Store）是指面向主题的、集成的、当前或接近当前的、不断变化的数据。ETL（Extract-Transform-Load）用来描述将数据从来源端经过萃取、转置、加载至目的端的过程。

传统的计算机分析和数据整理方式，是以对静态数据的历史分析为特征的，首先是收集数据，然后储存在数据库程序中且在收到请求后搜索这些数据。大数据时代，传统的处理方式通常会造成时间的延迟，因此需要对结构或非结构化动态数据流进行实时分析，流计算便应运而生了。在流运算中，高级软件的运算法则在接收流数据时就开始对其进行分析，流计算可以在几秒内在海量数据中对异常行为做预测。

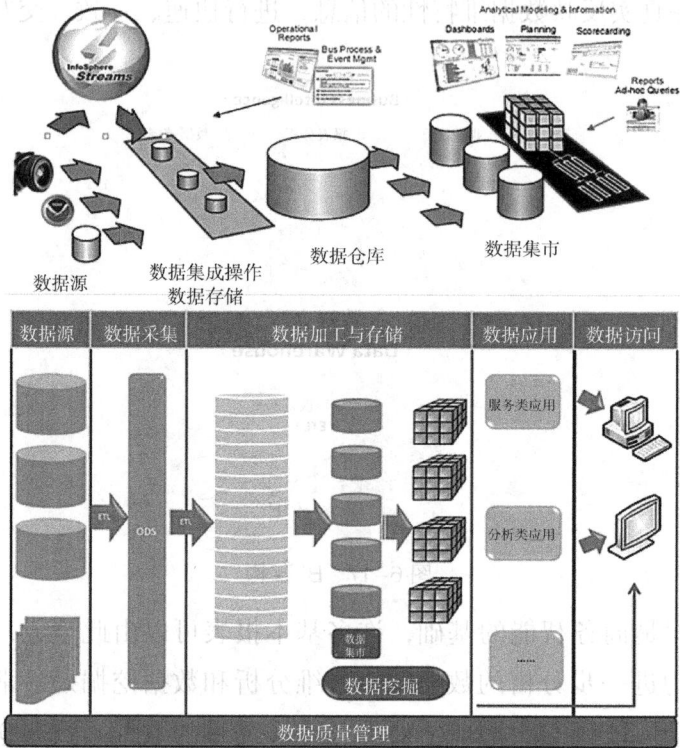

图 6-18　数据仓库体系结构

（4）内存计算（In-Memory Computing）

内存计算，实质上就是 CPU 直接从内存而非硬盘上读取数据，并对数据进行计算、分析。此项技术是对传统数据处理方式的一种加速，是实现商务智能中海量数据分析和实施数据分析的关键应用技术。

内存相对于磁盘，其读写速度要快很多倍。内存计算非常适合处理海量的数据，以及需要实时获得结果的数据。

（5）流处理技术（Stream Technology）

大数据时代数据的增长速度将远远超过存储容量的增长，同时数据的价值会随着时间的流逝而不断减少，因此对数据进行实时处理的流处理技术获得了越来越多的关注。

由于响应时间的要求，流处理的过程基本在内存中完成，内存容量是限制流处理模型的一个主要瓶颈。当前得到广泛应用的很多系统多数为支持分布式、并行处理的流处理系统。具有代表性的有 IBM 的 StreamBase 和 InfoSphere Streams，开源系统则有 Twitter 的 Storm、Yahoo 的 S4 等。

6.5.11　云计算与大数据

云计算顾名思义强调的是"计算"，也即计算能力（数据处理能力），其主要目标是节省 IT 部署成本。大数据则强调的是"数据"，也即计算的对象（数据存储能力），其主要目标是发现数据中的价值。两者是动与静的关系。大数据需要处理大数据的能力，指的就是强大的计算能力，而云计算关键技术中的海量数据存储、管理等技术都是大数据技术的基础。如图 6-19 所示。

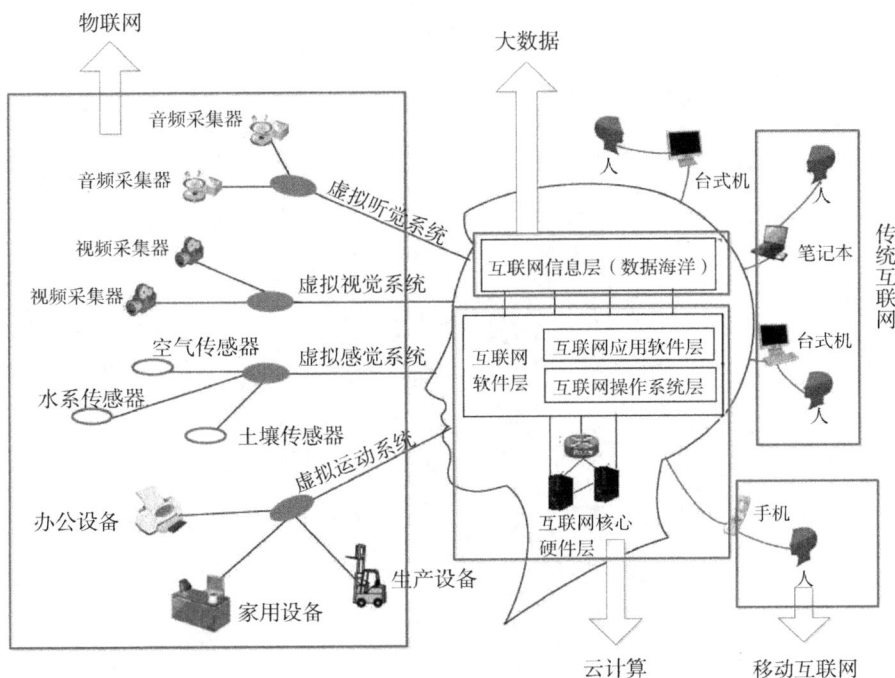

图 6-19　物联网、云计算与大数据

注：取自：刘锋 . 互联网进化论 [M]. 北京：清华大学出版社，2012

监狱物联网应用与解决方案

本篇主要介绍监狱物联网的应用，围绕当前监狱管理面临的具体挑战，通过对比分析适用当前监狱管理的无线定位技术、生命体征监测技术等，给出物联网技术在监狱应用中的参考解决方案，期望能为监狱从事信息化工作的同志提供一个可参考的思路。

第 7 章　监狱物联网应用

本章重点

◎　理解监狱物联网架构

◎　理解监狱物联网安全

◎　理解监狱物联网应用价值评估

◎　理解适用监狱的无线定位技术

7.1　监狱物联网架构

当前安防技术演变节奏迅速，新技术层出不穷。监狱是对安防等级要求极高的场所，过度追求新技术是一个误区，监狱不应成为某些所谓新技术的试验场，尤其在科学统一的顶层设计缺失之际，对安防新技术如何取舍把握是一个挑战。

监狱有其政务目标，包含安全监管、教育矫正和公正执法。在评价一项安防技术对监狱的适用性方面，必须围绕上述目标，评价的标准就是看其是否有助于提升监管安全能力，是否有助于增强教育矫正的科学性，是否有助于规范执法管理，是否有助于提高工作效能，并有助于增强民警队伍素质（科技强警）。

以"物联网"为核心的智慧监狱安防建设是目前备受关注的。监狱作为保障社会公共安全的重要特殊场所，由于空间相对封闭、人员密度高、构成复杂、安全防范级别高，对精细化、智能化管理的要求尤其迫切。物联网允许人与物、物与物、人与人之间进行便捷和无缝的连接，通过射频识别、无线定位系统、视频摄像机、门禁周界等信息传感设备，按约定的协议把物与互联网连接起来，能够对整合网络内的人员、设备和基础设施实施实时的管理和控制。

显然，物联网技术非常适合监狱信息化的应用现状。

监狱物联网总体架构如图 7-1 所示。

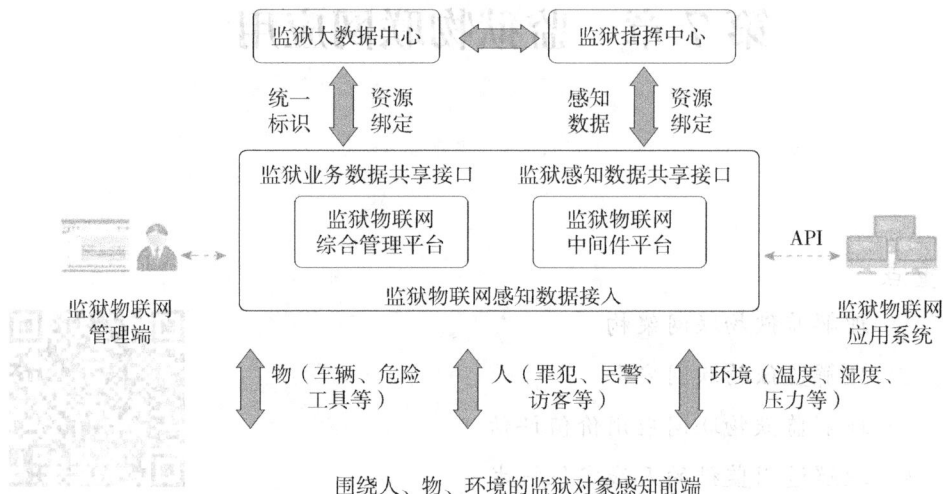

围绕人、物、环境的监狱对象感知前端

图 7-1   监狱物联网总体架构

通过监狱物联网技术打通人防、物防、技防、联防之间的屏障，实现人防、物防、技防、联防的真正联动、联控和联防，全面提升监狱安全保障能力。

通过监狱物联网技术对监狱管理中人、物、环境的流动和变化做到实时监管和控制，确保过程安全，规范执法管理行为，实现监狱管理的精细化。

通过监狱物联网技术实时感知罪犯的生命体征和行为异常，可以为监狱科学建立心理评估和风险指标、更好实施个别化教育矫正提供关键支撑。

7.2   监狱物联网发展三阶段

"物联网"通俗来讲就是"物物相连的互联网"，监狱物联网应用可分为三个阶段，可以用 M2M（M：为 Man 或 Machine）来诠释：

第一阶段是 Machine-to-Machine，主要解决物与物之间的联网联动问题，目前我国的监狱信息化即处于该阶段，指挥中心作为监狱管理的中心枢纽，其建设正是这一阶段的最佳实例。

第二阶段是 Machine-to-Man 或 Man-to-Machine，主要解决物与人之间的通信交流，该阶段也可称为半智能化阶段。这一阶段需要解决人（罪犯、民警、访客等）信息化、标签化问题。罪犯电子腕带、警察电子胸卡等即起到了将个人转换为一个信息节点接入监狱大网络的作用。

第三阶段是 Man-to-Man，即所有联网的物与物、物与人之间接近或达到类人智能的交流水平，该阶段可称为智能化阶段。

M2M（Machine-to-Machine，机器对机器通信）原意是指以机器终端智能交互为核心的、网络化的应用与服务，它是机器和机器之间的一种智能化、交互式的通信，从而赋予机器"智慧"。从基础设施的角度看，智慧监狱在某种意义上就是物联网监狱。相较于传统监狱信息化建设 MCP（MIS+Camera+Perimeter，信息系统＋摄像机＋周界防范系统），监狱物联网的主动安防、实时联动、精确管控等特性将会为监狱监管模式再造提供机会。

尽管可预见监狱物联网大发展的时代即将到来，但无可否认目前其仍处于监狱物联网应用的初级阶段。作为监狱物联网的核心组成部分，传感网络在监狱基础网络设施建设中的地位目前存在严重缺失。在监狱人、物、环境传感感知的应用领域，除掉正在试点的无线定位应用外，成熟的只有视频监控摄像机和拾音器应用，但这两者在智能化领域（智能音／视频分析）都还有漫长的路要走。同样，无法回避的还有当前物联网发展中实实在在存在的一些问题，包括技术上、标准上或者产业应用上，还有隐私保护、安全等。

7.3　监狱物联网中间件

随着监狱传感网络逐步开始试点建设，尤其是以无线定位为主的 RFID 应用试点持续增长，监狱物联网中各异质设备难以整合的问题日益突出。由于缺乏监狱物联网相关标准及厂商之间的产品差异，各试点监狱都要为每个监狱物联网项目全新开发那些"缺乏软件重用性、难以推广的联动应用"，尤其是在指挥中心建设中。由于缺乏相关标准，现有的物联网系统中传感器所产生的数据往往被每个系统所"绑架"。因此，监狱物联网建设亟待解决建设标准问题，以使各物联网系统之间及与各业务系统之间能深度整合、共享联动。

监狱物联网中间件（Prison IOT Middleware，PIM）正是针对这一问题而设计的，其基于面向服务的软件架构，以标准的服务接口向上层应用系统提供服务，可进行跨异质系统的统一的人员定位、视频监控、门禁和周界控制。监狱物联网中间件平台架构如图 7-2 所示。

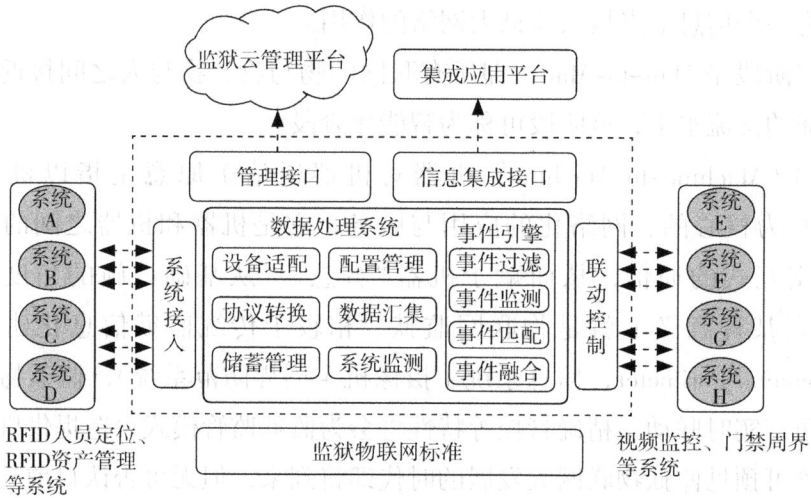

图 7-2   监狱物联网中间件平台架构

以具体的监狱无线定位为例，通过建设监狱无线定位应用中间件平台（监狱物联网中间件子平台），可以兼容不同厂商和技术选型的无线定位应用试点。平台系统可以对采集到的人员定位、视频监控、门禁和周界控制数据进行冗余过滤、整合及发布，对各消息格式和协议进行标准化转换，向上层应用系统或数据管理系统提供有价值的数据；同时屏蔽各类 RFID 读写器之间的不同，实现各部分之间透明融合，方便相关应用系统的开发，在 RFID 读写器与应用系统之间起到中介的作用。

监狱无线定位应用中间件系统如图 7-3 所示。

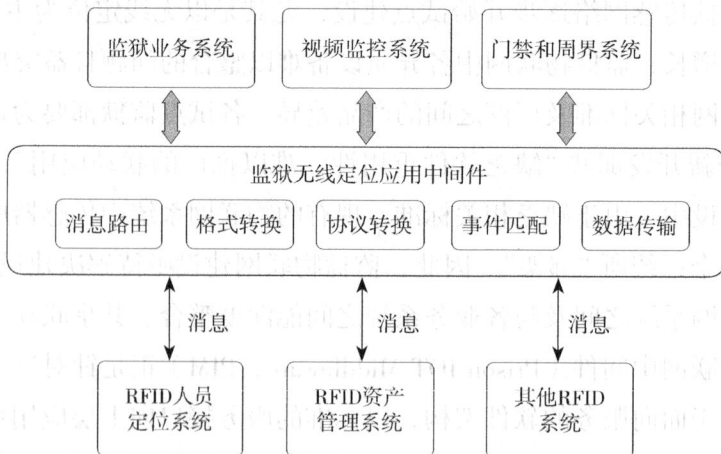

图 7-3   监狱无线定位应用中间件系统

1．消息路由模块

消息路由模块主要根据给定目标设备信息，得到针对具体系统的设备标识和传输信息所需的地址信息，并负责将消息送达。

2．格式转换模块

格式转换模块主要包括协议内信息格式转换和反向转换，包括将具体设备的定位信息转换为标准位置信息等。

3．协议转换模块

协议转换模块主要完成两方面工作：一方面将各异质设备原始事件信息转换为标准事件格式，另一方面将协议中的标准联动命令转换为面向具体设备的联动命令。

4．事件匹配模块

事件匹配模块主要根据给定事件发生位置等相关信息，依据配置的特定业务逻辑决定所产生联动信息的目标设备等相关信息，提供给协议子系统使用。事件匹配模块如图7-4所示。

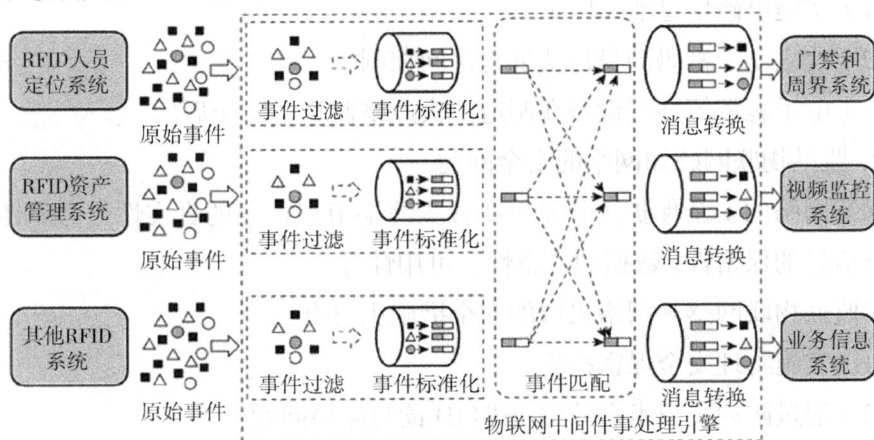

图7-4　监狱无线定位应用中间件事件处理引擎

5．数据传输模块

数据传输模块主要针对视频流等大流量数据，提供保证服务质量的传输，在给定资源下保证高优先级信息流的稳定传输。

7.4　监狱物联网安全

监狱物联网应用中，如果没有信息安全保障措施，不仅个人隐私容易泄露，而且容易为黑客提供远程入侵操控物联网系统控制管理权限的可能。监狱物联网面临的信息安全问题主要包括感知终端安全、感知网络安全、传输网络安全、应用系统安全、中间件安全、信息服务安全等。

1. 监狱物联网感知终端的安全问题

在监狱无线定位应用中，罪犯电子腕带和民警标签等终端设备都存在着无线信号和电磁信号泄露问题。这些信号将有可能被专有设备截获后还原为原始数据导致信息泄露；攻击者也可以通过无线信号干扰，导致无线定位系统信息丢失；恶意攻击者甚至可能通过在物联网节点设置后门或恶意代码窃取相关信息。目前在监狱无线定位实际应用中，传输的数据主要是相对位置坐标信息，安全性影响尚不明显。

对监狱物联网感知节点采取的安全措施主要有：

（1）实施电磁信息泄露防护。

（2）建立基于密码的身份认证与访问控制。

（3）电子腕带等终端设备在制造源头严格监管，防止后门。

2. 监狱物联网感知网络的安全问题

感知网络的安全保护主要是解决接入终端节点信息的真实性、可靠性；用户敏感信息的保密性；数据的完整性、可用性等。

对监狱物联网感知网络采取的安全措施主要有：

（1）实施物理安全保密措施。

（2）通过防冲突技术有效解决 RFID 读写碰撞问题。

3. 监狱物联网传输网络的安全问题

传输网络的安全问题主要来源于监狱物联网本身架构和接入方式；网络中信息传输的安全；跨异构网络的网络攻击等。

对监狱物联网传输网络采取的安全措施主要有：

（1）实施异构网络的终端安全接入。

（2）确保监狱物联感知数据在承载网络中的传输安全。

（3）建立统一的协议栈及相关技术标准。

4. 监狱物联网应用系统的安全问题

物联网应用系统安全问题主要涉及具体的应用业务，存在的安全问题主要有用户隐私信息的保护；信息泄露的追踪；物联网应用系统的安全性；信息取证与保护；黑客攻击等。

对监狱物联网应用系统采取的安全措施主要有：

（1）建立隐私保护安全机制。

（2）实施数据访问控制和审计追踪。

（3）建立监狱云安全机制。

5. 监狱物联网中间件的安全问题

物联网中间件需要完成海量感知数据的处理，存在的主要安全问题有垃圾信息、恶意指令攻击；数据处理的及时性；内部攻击等。

对监狱物联网中间件采取的安全措施主要有：

（1）建立 RFID 中间件设备层安全协议。

（2）实施 RFID 中间件访问控制策略。

6. 监狱物联网信息服务的安全问题

监狱物联网平台需要一个统一的安全管理平台，可以将以上分散的安全技术和安全措施集成到监狱物联网安全管理系统，形成综合效应，如图7-5所示。

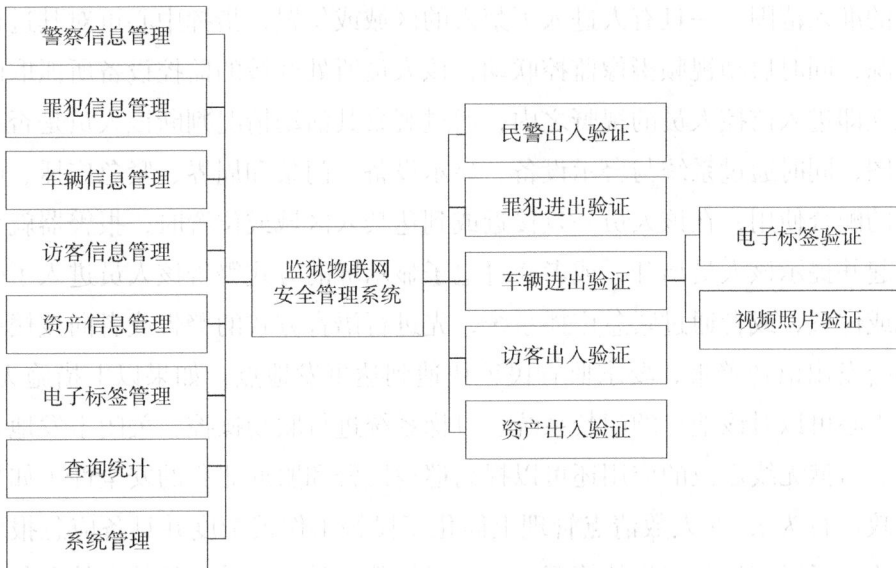

图 7-5　监狱物联网安全管理平台功能

监狱物联网系统是一个围绕监狱对象信息的智能采集、传输，统一汇聚和全局应用的过程。这一过程的起点是监狱的对象及其所产生的感知数据。监狱监管的对象是罪犯，如何获取服刑罪犯的位置信息、行为状态、生命体征等数据，成为智慧监狱在前端感知层建设的核心任务。

物联网能够将监管的目标细化到个人，也就是将个人转换为一个信息点，从而获取该信息点的行为特征，如日常移动轨迹、消费记录、生活规律等，所得到的数据通过差异化、图表化等科学方式进行分析，然后将其模型化，实现监狱目标跟踪与智能研判。事实上目前国内外监狱目标跟踪（即监狱无线定位）正是通过给服刑罪犯佩戴电子腕带，从而将罪犯转换为信息点。

监狱视频和无线定位应用是监狱物联网领域颇具代表性和发展前景的应用之一。监狱无线定位是指利用卫星定位系统、RFID 射频识别、无线通信等设备实现定位、追踪和监测特定目标位置的技术，通过无线定位基站将收集的电子标签的信息发送到位置服务器，通过位置服务器将计算的位置数据传给监狱GIS。监狱民警可以通过视频呈现、GIS 电子地图、表格或者报告等多种形式直观地获取目标的位置信息。无线定位技术在监狱的主要应用形式有监狱人员定位与人数清点（民警、罪犯、访客）、重要劳动工具和危险品定位与清点。

借助无线定位，通过对人员（罪犯、民警、访客等）所佩戴的电子腕带（有源 RFID 卡）进行授权或管理级别划分，监狱可以限定各种人员在监狱各个区域的准入范围。一旦有人进入了禁入的区域或位置，指挥中心可对其进行连续跟踪，同时启动视频摄像监控联动，该人员所处区域的监控设备所抓取的图像就立即进入监控人员的视野之内，通过观察其活动情况判断该人员是否有不法企图，同时通过系统与警示设备、显示设备、门禁和周界、紧急广播、电梯系统的配合使用，在该人员一旦接近或到达禁入区域或位置时，报警器就会自动响起并提示该人员离开，或者通过电子显示屏的方式警告该人员进入了受限区域或位置，或者通过紧急广播系统，先进行语音方式的警告或者向该楼层监管民警发出语音警报，要求监管民警快速到达事发地点。如果以上措施无效，指挥中心可以对该地点的门禁系统、电梯系统进行联动操控，关闭事发地点的通道。监狱无线定位的应用还可以提高巡逻民警和服刑罪犯的安全性（如越界或有攻击行为），在人数清点管理上简化了民警工作繁杂度并具备应急报警能力，改善了民警日常工作的管理方式，对特殊物品或劳动工具的发放和归位实现精细化管理。

借助无线定位，当发现某服刑罪犯行迹可疑，就可以通过定位历史轨迹回放来研判。即使未发现异常，但智能化的定位数据分析仍可能发现其违规行为，可自动提示民警及时处置。传统的调查取证依赖视频监控系统，通过视频录像回放把某罪犯一天的轨迹找出来将耗费大量的时间和警力，如果设定了人员的轨迹定位与监控视频联动的逻辑，则可根据定位的轨迹路线重组相应视频信息用于取证所需。

相较于室外无线定位技术（卫星定位、手机基站定位等）的成熟，室内无线定位技术作为当前国际上热门的技术之一，在监狱具体实践上仍有待完善。目前监狱行业试点应用中精确定位被过度解读可能是一个问题。可以预见，随着无线定位技术的日益完善，以无线定位和视频监控为双中心重新架构监狱安防体系将是一种全新的可能。与此相适应，监狱的周界、门禁等系统都应调整到以无线定位与视频监控为核心来设计建设，有效解决监狱对4W（Who、Where、When、What，谁？在哪里？什么时间？在做什么？）的关注。

无线定位与视频监控双中心的监狱安防架构如图7-6所示。

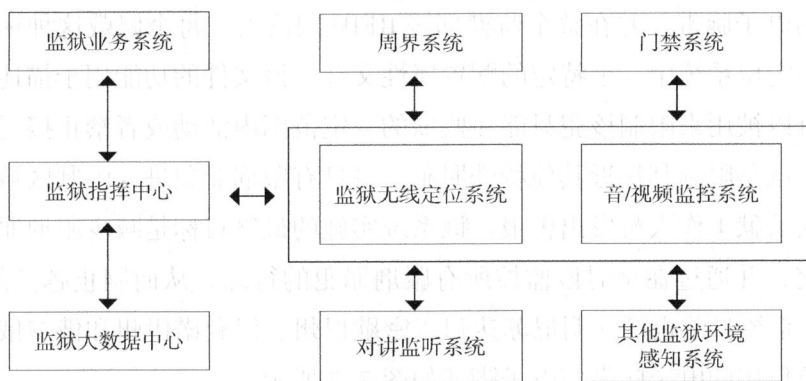

图7-6　无线定位与视频监控双中心的监狱安防架构

监狱实施信息化建设的本质就是把监管矫正全面彻底地纳入规范化、标准化的轨道，实现监狱管理模式的转变和创新，大幅提升监狱工作的法律效益与社会效益，促进公正执法，降低行刑成本。把罪犯改造成为守法公民，预防和减少重新犯罪是监狱工作的根本任务，因此教育矫正作为监狱的中心地位必须得到加强，就监狱"以人为本"的理念而言，必须把信息化建设的重点从传统的"管牢"（安防信息化）迈向"矫好"（矫正信息化）。当前监狱信息化的投入主要还是在"管牢"这一领域,"矫好"领域涉足较少,目前在循证矫治知识库领域的探索是一个例子。

监狱物联网、智慧监狱建设必须把信息化建设的重点从传统的"管牢"迈向"矫好"。可以通过 RFID 电子腕带实现服刑罪犯的标签化,腕带芯片可以存储罪犯的基本情况(包括罪犯的姓名、年龄、特征、文化程度、捕前职业等),犯罪情况(包括犯罪性质、原判刑种、刑期、释放日期、犯罪案情等),家庭和社会关系情况(包括籍贯、亲属、主要社会关系等),改造表现情况(包括认罪态度、行为表现、奖惩情况等)及相应的个别化矫正模块和矫正实施情况等,通过警务通 Pad 等移动办公终端可以方便读取,将会有效提高监狱教育矫正的能力和成效。

根据美国非营利性研究机构 RANDCorp 发表的一份研究报告,2009 年全美共采用了 14 套 RFID 监狱追踪系统,由 TSIPrism 或 Elmo-Tech 提供。其中三套用于员工追踪,5 套用于服刑罪犯追踪,剩下 6 套两者都追踪。2005 年,洛杉矶警方耗资 150 万美元为其所属惩教机构(监狱)部署了 Alanco 公司的 TSIPrism 系统。TSIPrism 系统采用主动式有源 RFID 标签,做成可用于服刑罪犯佩戴的电子腕带,并在整个监狱部署 RFID 阅读器。每个佩戴这种标签的罪犯链接到定位系统中一个特定的配置属性文件,该文件的功能用于描述实现电子腕带可以被用来限制该犯只能在监狱的一定范围内活动或者禁止接近某些限制区域,或是限制其接近其他特殊罪犯。一旦有服刑罪犯进入限制区域,系统将立即向监狱工作人员发出警报。该系统实施的最终目标是减少服刑罪犯间的暴力冲突,并通过在全时段监控所有服刑罪犯的行踪,从而制止越狱的企图。TSIPrism 系统目前也已在明尼苏达州、密歇根州、伊利诺伊州和俄亥俄州监狱部署。监狱用的电子腕带与电子脚环如图 7-7 所示。

图 7-7　电子腕带与电子脚环

监狱无线定位系统的主要功能是实现室内 0.5 ～ 5m 的定位精度、室内特定房间和特定区域无误差区分、所在楼层无误差判定、室内外无误差区别及室外精度为 5 ～ 10m 的定位精度。定位对象可分为人员定位和重要资产及劳动工具定位（含危险品管理）。系统的扩展功能主要有自动点名、报警管理、视频联动、轨迹回放和查询统计。其中，自动点名可分为"人数清点"和"重要资产及劳动工具清点"两个子模块，两个子模块都是在定位结果上点名，并提供点名未到的预警提示，系统的所有扩展功能都建立在定位数据库上，引用定位结果实现。随着无线定位技术的不断发展，定位精度将不断提高。无线定位技术作为一种有效的管理工具，在实时人数清点、识别罪犯当前所处位置等方面表现出巨大便利，尤其是无线定位与视频联动后，在调查取证、查询视频时对民警时间和精力的节省、工作效率的提升非常有效。随着传感技术的进步，可以针对监狱需求在电子腕带中加入运动传感器件，如姿态与加速度传感器，当服刑罪犯发生超过传感器预定值的变化时（如发生斗殴等），实时采集数据发送给民警预警；还可以集成温度、脉搏（血压）传感器，当罪犯的体温、心率等生理参数出现异常时设备会自动向管理人员发出报警信息，从而及时响应突发的暴力或猝死等事件。

当前监狱无线定位应用面临的主要技术挑战有：

（1）能耗问题。随着无线定位技术的发展，越来越多的系统将会集成定位人员的移动速度、方位、高度、生命体征（温度、脉搏）等传感信息，然而多任务环境下的能耗管理是一个大的挑战。如何减少节点定位带来的通信开销也是值得考虑的问题。

（2）定位精度问题。由于定位基站信号之间可能会存在相交的现象，假定 A、B 两台基站相邻，当人员处于信号交叠部分，将难以判别人员是处于哪一个基站范围内。

（3）定位大量人数的问题。一个定位基站由于处理性能和防碰撞算法的原因，一般来说能同时接收腕带信息的数量是有限的，如果定位基站信号范围内有超过其处理能力的腕带个数，那么一些腕带的数据可能无法被定位基站接收，导致射频标签发出的信号被漏读及定位反应时间的延迟。

（4）系统联动问题。无线定位系统要充分发挥功能，就必须和监狱其他安防系统深度整合、共享联动。但是，目前监狱的软硬件建设标准尚未统一，每个硬件厂家有自己的接口协议，造成无线定位应用中各异质设备难以整合的问题。

（5）电子腕带潜在误报的问题。服刑罪犯佩戴的腕带标签可能会因为靠近特定的物体，如紧贴墙面、地板等，引起射频信号被遮盖，腕带无法被读取到，导致服刑罪犯在定位监管系统中突然"消失"而发生误报。包括某些特定动作（当腕带集成状态感知），如不断在打牌过程中甩牌，会造成系统误判为打架斗殴事件而产生误报。

（6）移动节点的定位问题。当前的定位算法多数只是局限于静态网络，对移动节点的定位问题还需要进一步研究。

7.6 监狱物联网应用价值评估

物联网技术在监狱的应用是一个全新的领域，本节将从创新监狱管理的视角，介绍本书作者在全国率先开展的针对监管场所 RFID 技术应用价值评估的研究，结论将有助于监狱更有效地对是否采用无线定位技术、采用何种无线定位技术、部署范围和对象（例如针对顽危犯还是所有服刑人员）等做出决策参考。本次评估设计参照的主要问题如表 7-1 所示。

表 7-1 监管场所 RFID 技术应用价值评估问卷

	RFID 应用情况
	RFID 单元数量
	RFID 部署年份
部署监狱基本情况	RFID 部署执行状况
	RFID 应用对象
	供应商情况
	CPU 芯片
	无线通信芯片
	无线频率
RFID 无线定位技术情况	采集频率
	是否带有感知设备
	电池时间、能耗及是否支持睡眠
	区域定位 / 精确定位的选择

续表

RFID 无线定位技术情况	定位方式
	定位效果、数据传输、历史轨迹查询等技术指标
	实际定位范围
	定位基站位置部署规划
	定位软件平台情况
	与其他系统实施联动情况
	电子腕带的防破坏性
	RFID 误报情况
监狱无线定位应用价值情况	支持应用价值评估所需要的数据系统建设情况
	选择无线定位系统首要考虑的功能
	罪犯位置、行动轨迹和警报消息有留存情况
	电子腕带安装拆卸等使用培训和管理规章
	电子腕带尚存问题和技术障碍
	实施 RFID 无线定位应用前后违规数据统计分析
	RFID 无线定位投资的效益与产出
	RFID 无线定位应用价值和效益
	用户体验

监狱 RFID 无线定位的试点需要投入，从投资成本与收益的角度考虑，无线定位标签（电子腕带）的成本高低是相对而非绝对的，能否找到效益所在才是评估无线定位技术在监狱应用中价值的关键。目前监狱应用中碰到最大的瓶颈并非电子标签的价格过高，而是预期与无线定位部署的效益无法被精准评估。

部署 RFID 无线定位的首要目标是增强监狱周界的控制，通过实时定位来确认一名服刑罪犯是否在其应该在的地方，从而避免脱逃。此外，RFID 电子腕带应用可以提供实时的电子化人数清点和定位，提高监狱的执法和管控能力。电子腕带应用还能减少罪犯间相互聚集、攻击，以及逃逸和被错误指控等事件发生，提高监狱对被禁止行为的监测能力，从而改善服刑罪犯的行为，减少违规和攻击行为。RFID 无线定位和视频联动，有助于协助调查取证，减少不实指控（见图 7-8）。通过在 RFID 电子腕带芯片中设置以服刑人员的罪犯类型、个性特点、文化程度、现实表现、心理测评为依据的个别化矫正方案，提高监狱教育矫正的能力。

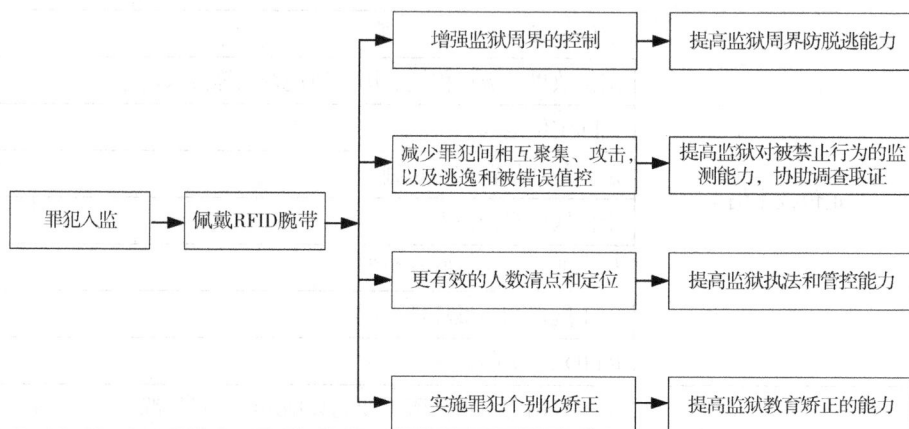

图 7-8　RFID 无线定位应用价值

　　评估发现监狱 RFID 无线定位的某些关键数据项（数量、次数）亟待建立专门的数据库，例如服刑罪犯脱逃的事件；药物毒品发现的事件；武器发现的事件；破坏性事件；武力攻击的事件；关禁闭室的事件；违反制度的事件；药检结果的事件；涉及凶杀案的事件；自杀和自杀企图的事件；性侵犯事件；等等。这些数据将有助于比较无线定位应用实施前后的效果。

　　评估发现 RFID 无线定位技术作为一种有效的管理工具，在实时人数清点、识别罪犯当前所处位置等方面表现出的巨大便利，尤其是无线定位与视频联动后，在调查取证、查询视频时对民警时间和精力的节省、工作效率的提升非常有效。

　　评估也关注了罪犯对佩戴 RFID 腕带的态度——尽管更多地促使他们去关注电子腕带集成的 13.56Mb 的刷卡系统（用于购物和亲情电话），但很明显能使罪犯认识到违规被发现的风险增加，对阻止违规行为、袭击等的发生有积极作用。

　　评估还发现一些问题，例如电子腕带尺寸大小、安装松紧程度、电池更换要求等都还没形成完整的标准规范，尤其是电子腕带的误报、频繁的虚假警报，会导致民警成为习惯而减少关注，这是非常危险的。

　　任何的管理手法或工具，都可以依据其所需投资的成本、风险以及预期可提升的价格或销售量来评估其投资报酬率（ROI）。以成本的观点来看，采用 RFID 虽然会造成单位成本的提高，但是可以从其他成本来评估预期可以带来的成本效益，例如 RFID 技术可以帮助监狱民警更精准去掌控劳动工具与危险品使用和回收入库的状况，减少管理的人力成本；利用 RFID 具有自动感应的特性，在罪犯、物品出入核查、数量清点等流程上可以有效取代人工，避免人员因人力不足或疏漏造成的等候成本。

根据评估结果，RFID 技术将有助于实现监管安全由被动防御转向主动安防，提升监狱精细化管理水平，实施个别化教育矫正，目前尚没有其他技术可以替代。RFID 无线定位技术在监狱应用的目的归结为：

- 提高监狱管理水平，实现精细化的管控
- 提供更有效的定位服刑罪犯的方式
- 实现自动人数清点
- 通过触发报警提醒管教民警服刑罪犯聚集、越界和逃逸等事件
- 利用电子腕带（标签）实施服刑罪犯个别化矫正

7.7　适用监狱的无线定位技术

可用于定位的无线信号多种多样，无线定位系统种类繁多。如利用卫星信号的 GPS 和北斗定位、利用红外和激光的光学定位、利用超声和声纳的声音定位、利用图像处理和计算机视觉的视觉定位、利用陀螺原理的相对定位等。

国际上对无线定位技术的研究与应用始于 20 世纪 60 年代的车辆自动定位 AVL（Automatic Vehicle Location）系统，初期的无线定位技术多采用无线电波传播信号，检测移动物和基站之间无线电波传播信号的场强、到达时间及时间差、信号射入角度等特定参数，再通过相关的定位算法来确定移动物的几何位置。由于采用的长波信号易受到天气和建筑物的影响，初期的无线定位主要集中在室外定位。其中，GPS 和北斗是目前应用最广泛的室外定位技术，但是对于室内近距离定位，导航定位系统信号难以穿透建筑物。鉴于监狱的特殊封闭场景，除了服刑罪犯押解应用，如人员外出就医、提审、转监等需求可采用室外定位技术外，绝大多数情况都适用室内定位。因此，本书讨论的监狱无线定位技术将以室内定位应用为主。

在过去的几十年里，室内局部区域定位的巨大市场前景促使与之相关的无线定位系统研究迅猛发展，先后出现了红外定位、超声波定位、电磁波定位等室内定位技术。

　　红外线是一种波长介于无线电波和可见光波之间的电磁波。典型的红外线定位是使待测物体附上一个电子标识，红外线 IR 标识发射调制的红外射线，通过安装在室内的光学传感器接收进行定位。虽然红外线具有相对较高的室内定位精度，但是由于光线不能穿过障碍物，使得红外射线仅能视距传播。直线视距和传输距离较短这两大主要缺点使其室内定位的效果很差，平均定位误差可以达到 5m 以上。当标识放在口袋里或者有墙壁及其他遮挡时就不能正常工作，需要在每个房间、走廊安装接收天线，造价较高。因此，红外线只适合短距离传播，而且容易被荧光灯或者房间内的灯光干扰，在定位上有局限性。

　　超声波定位采用反射测距原理，系统由测距器和若干个放置于固定位置的电子标签组成，先由上位机发送同频率的信号给各个电子标签，电子标签接收到后又反射传输给测距器，从而可以根据算法确定各个电子标签到测距器之间的距离。当同时有三个或三个以上不在同一直线上的应答器做出回应时，可以根据相关计算公式确定被测物体所在二维坐标系下的位置。超声波定位整体定位精度较高，可以达到 2 ~ 10cm，结构简单，功耗较低。超声波的传播速度受空气的密度影响，而空气的密度又与温度有着密切的关系，在实际应用时遇到墙体等障碍物阻挡时或者非视距传播时衰减明显，从而影响定位的有效范围。

　　电磁波定位是利用空气中无线传播的电磁波进行定位，是目前室内定位应用最为广泛的一类定位技术，出现了基于有源 RFID、WiFi、ZigBee、UWB、Bluetooth 等众多无线网络定位技术。这些技术除了通信机制和频段差异外，定位原理大同小异，主要有基于 TOA（到达时间）的距离测量、基于 TDOA（到达时间差）的距离测量、基于 AOA（到达角度）的距离测量、基于 RSSI（信号强度特征）的相似度拟合定位、基于接近关系检测等。

　　目前可用于监狱室内定位的无线网络技术主要有：
- 无线射频（RFID）技术
- 无线网络（Wi-Fi）技术
- 超宽带（UWB）技术

无线射频技术可分为有源射频技术和无源射频技术。

有源射频技术又分为有源 RFID 技术和 ZigBee/802.15.4 技术。

无源射频技术又分为近距离 RFID 技术和远距离 RFID 技术。

有源 RFID 技术与无源 RFID 技术的区别如表 7-2 所示。

表 7-2 有源 RFID 技术与无源 RFID 技术的区别

	有源（主动式）RFID 技术	无源（被动式）RFID 技术
标签能源	自带	来自读写器
对读写器信号强度的要求	低	高
通信距离	0 ～ 100m（可调）	小于 3m
系统使用期是否需要人工	标签每 2s（或 10s）发送信息，阅读器自动接收后更新系统。自动系统，不需要人员介入	比条形码先进，但还需要人工对标签近距离扫描，更新系统信息
信息的实时性	实时，小于或等于 10s	等待自读写器触发，信息准确到最近一次对标签的扫描日期
能否防止破坏	自动检测损坏报警	无法主动示警
是否有主动求助（报警）功能	可集成报警求助装置	无法主动示警
边界控制功能	触发警戒线主动报警识别	越界无法迅速主动识别
读取准确性和抗冲突性能	穿透人体，同时可识别多人	无穿透性，多人刷卡会有严重冲突
其他功能	环境监控（传感器标签）；人员和设备实时定位、跟踪；人员和设备进出门监控	人员和设备进出门监控

1. 有源 RFID 技术

- 定位精度：2 ～ 5m。
- 通信距离：小于 100m。
- 辐射强度：极低。
- 三维定位能力：无。
- 信息安全：高。
- 单点失效容错能力：低。
- 定位原理：基于信号强度特征的相似度拟合定位。
- 特点：有源 RFID 技术的定位需要事先采集定位区域内多个定位基站发射信号的 RSSI 值，定位设备通过实时采集比较 RSSI 值实现相似度拟合和位置确定。由于事先采集 RSSI 数据的工作量较大，而且定位区域会因人员移动、中大型电子设备干扰而发生变化，影响定位精度。该类产品的主要工作频率有超高频 433MHz，微波 2.45GHz 和 5.8GHz 等。

2. 近距离无源 RFID 技术

近距离无源 RFID 是发展最成熟、市场应用最广的产品。如公交卡、食堂餐卡、银行卡、宾馆门禁卡、二代身份证等，其定位原理是基于接近关系检测，覆盖范围小。近距离无源 RFID 技术定位的本质就是传统的刷卡技术，一般可将其安装在关键通道旁边，让罪犯通过的时候刷一下腕带，通过门禁系统实现以房间为基本单位的局部区域定位。该类产品的主要工作频率有低频 125kHz、高频 13.56MHz、超高频 433MHz 和 915MHz。

3. 远距离无源 RFID 技术

远距离无源 RFID 技术的定位原理与有源 RFID 技术类似，但该技术的一个缺陷是由于无源卡没有电池供电，因此需要安装一个有较大辐射的电磁场基站，工作能量全部由读写器的天线提供，并持续工作，其单点容量低。考虑到电磁辐射因素，远距离无源 RFID 技术一般主要应用于物流定位方面，尚难以在人员定位中应用。目前主要有工作于 UHF 和 2.45GHz 频段的两种远距离无源 RFID 技术。

4. Wi-Fi 技术

定位精度：2～5m。

通信距离：小于 100m。

辐射强度：低。

三维定位能力：有。

信息安全：低。

单点失效容错能力：一般。

定位原理：基于 TOA 的距离测量、基于 TDOA 的距离测量、基于 AOA 的距离测量、基于信号强度特征的相似度拟合定位。

特点：Wi-Fi 的优势在于日益普及的 WLAN，越来越多的 Wi-Fi 热点将为定位提供更多的参照点，将有效提高定位的精准度。例如，目前已被苹果收购的室内地理位置服务商 WifiSLAM 就是通过分析周围所有 Wi-Fi 网络的信号强度和唯一 ID 识别码，从网络中下载或已经储存在设备中的该区域的引用数据集进行匹配，并通过重力感应同步脚步的移动，实现用户在室内位置的定位。

作为目前无线 IP 传输的成熟技术，Wi-Fi 无线定位技术由于采用公开的无线网络协议，考虑到众所周知的无线网络加密算法的脆弱性，其安全性存在一定缺陷。但从另一方面考虑，采用公开协议也许反而安全，如 WPA2、WAPI。受限于 Wi-Fi 的工作机制，Wi-Fi 无线定位技术的未来取决于腕带低功耗技术或者电池性能的提升。

5. IEEE802.15.4/ZigBee 技术

定位精度：2～5m。

通信距离：小于 75m。

辐射强度：极低。

三维定位能力：无。

信息安全：一般。

单点失效容错能力：一般。

定位原理：与距离相关的有 TOA、TDOA、RSSI、AOA 等，与距离无关的有质心算法、DVHop 算法、Amorphous 算法、APIT 算法等。

特点：802.15.4/ZigBee 技术主要面向无线个人区域网（PAN），网络系统在应用中表现出近距离、低功耗、低成本等特征。ZigBee 定位属于无线传感网（WSN）技术范畴，技术理念先进，但其缺陷在于网络稳定性还有待提高，易受环境干扰。ZigBee 的设计初衷是用于野外 WSN 中对每个静止节点位置的一次性定位，用于对监狱内较大数量的移动目标定位场合会有一定的困难。ZigBee 定位精度在移动时会受到人体较大干扰，可靠性降低。根据 ZigBee 技术的定位原理，其定位依赖每个节点附近的一个有限区域内相邻节点，当该节点发生移动而脱离该区域时，需要重新组网（自组织）并计算定位。移动目标的反复定位将会较快消耗掉腕带的电池容量。

6. UWB 技术

定位精度：0.1～0.3m。

通信距离：依发射功率的大小而定，一般小于 10m。

辐射强度：极低。

三维定位能力：有。

信息安全：低。

单点失效容错能力：一般。

定位原理：基于 TOA 的距离测量、基于 TDOA 差的距离测量、TDOA/AOA 相结合等。

特点：UWB 技术是一种使用 1GHz 以上带宽且无须载波的先进无线通信技术，超宽带无线电中的信息载体为脉冲无线电。脉冲无线电是指采用冲击脉冲（超短脉冲）作为信息载体的无线电技术。这种技术的特点是通过对非常窄（往往小于 1ns）的脉冲信号进行调制，以获得非常宽的带宽来传输数据。虽然是无线通信，但其通信速度可以达到几百 Mbps 以上。由于不需要价格昂贵、体积庞大的中频设备，UWB 冲击无线电通信系统的体积小且结构简单、隐蔽性和保密性强、功耗低、多径分辨力强、数据传输率高、穿透能力强、定位精确高、抗干扰能力强。UWB 系统发射的功率谱密度可以非常低，因此短距离 UWB 无线电通信系统可以与其他窄带无线电通信系统共存。UWB 技术被认为是无线电技术的革命性进展，巨大的潜力使得它在无线通信、雷达跟踪、精确定位等方面有着广阔的应用前景。

7. 其他定位技术

（1）基于 LF 低频的无线定位技术

LF 低频（125kHz）无线定位技术是利用 LF 低频信号覆盖范围受限（2～5m 左右），采用基于接近关系检测的定位技术实现的。由于低频信号受人体移动等环境变化影响较小，不存在多径传播效应，识别定位准确率高。目前，定位商用中 125kHz+2.45G 的精准触发定位方案比较多。这些方案的实质就是低频激活触发技术，一般用于半有源 RFID 产品（即整合了 125kHz+2.45G），可以结合有源 RFID 产品及无源 RFID 产品的优势。通过 125kHz 定位基站持续不停地发送触发信号，集成 125kHz 的腕带标签一旦接收到 125kHz 触发信号时即被唤醒（无触发信号时休眠）并起到定位功能，然后 2.45G 可以远距离识别和上传数据。

（2）CSS 定位技术

在无线定位领域，IEEE802.15.4a 定义了两种可实现高精度定位的物理层——脉冲超宽带（UWB）和线性调频扩频技术（ChirpSpreadSpectrum，CSS）。CSS 通信是一种载波通信技术，Chirp 信号又称为线性调频信号，最先应用在雷达领域。Chirp 扩频信号具有时间分辨率高、抗多径能力强、传输速率高、功耗低、系统复杂度低等特点，在室内目标定位方面有较好的应用前景。与通常的正弦信号载波不同，CSS 技术采用的是脉冲载波。CSS 脉冲信号与 UWB 冲击脉冲信号不同，UWB 冲击脉冲信号可以直接携带信息，而 CSS 技术用一串脉冲携带信息，并在发送端进行调制后发出，接收端经过滤波压缩后提取信息。

与 UWB 相比，CSS 相对频率低、带宽窄，在定位的分辨率、功耗等方面不如宽频带的 UWB。CSS 系统可以看作是 UWB 系统的折中版本，CSS 系统能够实现比 UWB 略差的定位效果，但在性价比上确有提高。

（3）蓝牙定位技术

蓝牙技术通过测量信号强度进行定位，是一种短距离、低功耗的无线传输技术，基于蓝牙技术的无线接入简称为 BLUEPAC（Bluetooth Public Access）。蓝牙网络系统的拓扑结构有两种形式：微微网（Piconet）和分布式网络（Scatternet）。一个蓝牙网络由一个主设备和一个或多个从属设备组成，它们都与主设备的时间和跳频模式同步（以主设备的时钟和蓝牙设备的地址为准）。每个独立的同步蓝牙网络就被称为一个微微网。在一个微微网中，所有设备的级别是相同的，具有相同的权限。

蓝牙 4.0 是 2012 年最新蓝牙版本，解决了前期版本广为诟病的功耗和启动速度问题。基于蓝牙 4.0 的定位是当前的热点应用。例如 iBeacons 就是苹果公司推出的一项基于蓝牙 4.0 的精准微定位技术，当手持设备靠近一个 Beacon 基站时，设备就能够感应到 Beacon 信号，范围可以从几毫米到 50 米。普通的蓝牙（蓝牙 4.0 之前）一般的传输距离在 0.1 ~ 10m，而 iBeacons 信号可以精确到毫米级别，且最大可支持到 50m 的范围。

（4）地磁定位技术

地磁定位不属于电磁波无线定位，但地磁定位在原理上与基于信号强度特征（RSSI）的相似度拟合定位接近。地磁定位是基于地球上不同区域的各个位置上地磁场信号强度均不相同这一客观事实，在记录定位区域内各个位置的地磁信号强度特征后，根据相似度拟合算法实现定位。如 InDooRatlas 地磁场定位导航地图系统（https://www.indooratlas.com/）就是一个利用地磁进行室内导航的移动地图应用。它可以在没有无线信号的区域进行工作，它利用智能手机内置的磁力计检测地磁场异常，帮助用户在室内进行可靠的 1m 精度水平的导航，且不再需要其他基础设施。根据该技术的工作原理，在面对建筑物内金属物体移动等场景变化时，其定位精度会大幅下降。

（5）惯性导航技术

惯性导航技术也不属于电磁波无线定位。惯性导航技术是利用惯性元件（加速度计和陀螺仪）来测量运载体本身的加速度，通过三个自由度陀螺仪测量运载体的三个转动运动；三个加速度计测量运载体的三个平移运动的加速度。计算机根据测得的加速度信号经过积分运算，计算出运载体的速度和位置数据，从而达到对运载体导航定位的目的。惯性导航系统体积小、成本低、精度高，组成惯性导航系统的设备都安装在运载体内，工作时不依赖外界信息，也不向外界辐射能量，不易受到干扰，隐蔽性好，很有可能使其成为 GPS 技术的替代者。惯性导航技术的缺点在于累积误差会逐步加大，必须定期修正。

不同的无线定位技术适用范围如图 7-9 所示。

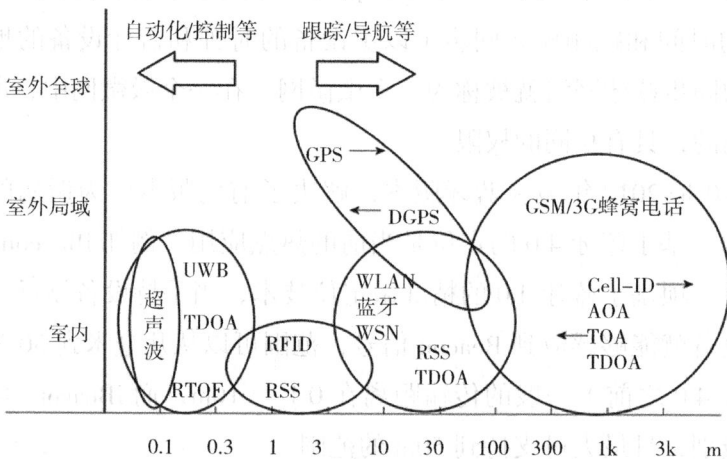

图 7-9　不同定位技术适用范围

8. 无线定位的能耗管理

以无线定位技术能耗管理为例，无线节点（电子腕带）的电池更换是否频繁将决定无线定位（试点）在监狱的应用前景，如何高效使用能量来最大化无线节点的网络生命周期是无线定位技术应用面临的首要挑战。随着复杂任务需求的日益增长，要实现整个系统节能的关键在于：一是节点硬件的设计必须支持低功耗方式；二是系统的调度策略必须支持低功耗方式，当不再有任务需要被调度时，应该关闭相应节点的硬件资源并使整个系统进入低功耗的睡眠状态，从而减少或避免在普通多任务系统中因忙等待或轮询所带来的能量损耗。

无线节点(电子腕带)硬件资源中消耗能量的模块主要包括传感器模块(集成状态感知)、处理器模块和无线通信模块。无线通信模块占据了绝大部分的能量消耗，如图338所示（见 DeborahEstrin 在 Mobicom2002 会议上的特邀报告—WirelessSensorNetworks，PartIV:SensorNetworkProtocols）。

从图 7-10 中可以看出，无线通信模块在发送状态的能量消耗最大，在空闲状态和接收状态的能量消耗接近，略少于发送状态的能量消耗，在睡眠状态时能量消耗最少。

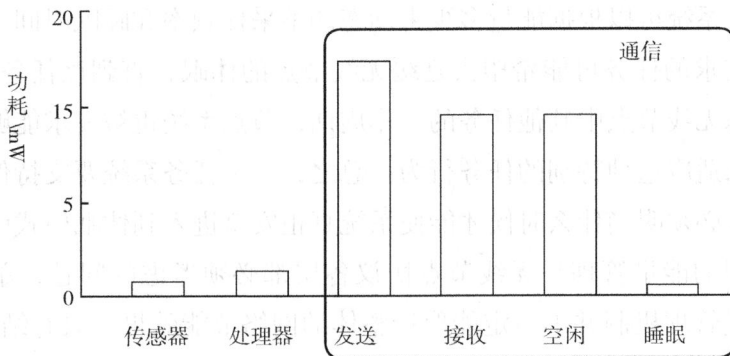

图 7-10　无线节点能量消耗

采用低占空比(Low Duty Cycle)工作模式，使节点在大多数的时间里休眠能有效延长无线节点生命周期。通过设置周期性采样数据的时间间隔来减少处理器和无线通信模块的活动工作时间，如每 100s 激活 10s，则可以减少 90% 的能耗。当然,这是以限制实际的带宽为代价的，客观上也表现出定位速度的延迟。

因而节能机制实现的关键就是：当无线节点系统不再有任务需要被调度执行时，如何使系统进入低功耗节能的休眠状态，避免能量消耗在忙等待和轮询上。

在单任务系统（仅仅实现定位）中休眠的实现相对简单：在处理器活动状态处理任务，在处理器空闲的工作周期则令系统进入休眠状态，直到唤醒事件的到来（可以在需要的地方布置唤醒信号），从而达到降低系统功耗的目的。

然而，要在多任务系统中实现休眠，其调度机制会比单任务系统复杂。例如在一个采集并发送数据的 sensor 节点中，如果只需要采集一个传感器数据,采样周期为每 60 秒 1 次，那么该线程的休眠时间参数就可以简单设置为 60s。但是在多任务系统中，可能有多个采集并发送数据的任务，如节点需要同时去采集温度传感器数据、加速度传感器数据和二氧化碳传感器数据。假设条件是加速度传感器要求每 10 秒采集 1 次数据，温度传感器要求每 30 秒采集 1 次数据，二氧化碳传感器则要求每 60 秒采集 1 次数据。这种多形式的传感任务将会使多任务系统的能耗调度机制变得复杂，系统要求能够适应这种多任务下休眠时间参数交错的应用环境。在应用中可能动态变化的采样频率和休眠时间也要求得到系统的支持，以使系统能够响应网络应用环境的变化。例如在一个具体应用中，系统可以根据能量多少来动态调整采样频率和睡眠时间。此外，一些长时间需求的任务可能希望去延缓无线节点的休眠，直到该任务运行结束，而并不考虑无线节点中其他任务的工作周期，节点系统也被要求能够具备相应的灵活性来适应这种特别的任务行为。总之，一个任务系统要支持低功耗的应用需求，就必须明确什么时候才能使系统真正安全进入到休眠模式中。

对电源的能量管理是无线节点协议各层都必须考虑的问题，单独在某一层设计能量管理机制并不一定能取得整体的网络节能效果。只有结合物理层、MAC 层、路由层等协议，实现跨层优化，才能真正达到综合节能的目标。

9. 无线定位的电磁辐射

随着人们健康意识的不断提高，电磁辐射对人体的影响逐渐成为人们非常关注的一个热点话题，由于电磁辐射对人的作用有一个积累的过程，研究也需要较长周期，人们对它的认识还是很有限的，并且电磁辐射看不见、摸不着、不易察觉，因此在目前尚没有定论的情况下很容易引起人们的疑虑。此外，有些关于电磁辐射的报道不太客观，缺乏科学性，也引起一些不必要的误解和恐慌。

判定电磁辐射是否会对人体产生不利影响，应从电磁波辐射强度、主要辐射方位与辐射源的距离等几方面综合考虑。为了控制电磁波对人体的影响，各个国家都制定了自己的电磁波防护标准。目前国际上有两大主流标准：一是 ICNIRP（The International Commission for NonIonizing Radiation Protection）标准，它是国际非电离辐射防护委员会发布的标准，主要使用范围在欧洲、澳大利亚、新加坡、巴西、以色列等地。二是美国的 IEEE 标准，主要使用范围在美国、加拿大、日本、韩国等地。ICNIRP 关于电磁辐射暴露限值的推荐标准是基于热效应和即时效应的科学数据基础制定的。标准提出了各频率电磁场对人体影响的阈值，然后取阈值的 1/10 作为职业照射限值，1/50 作为公众照射限值。

中国制定了比 ICNIRP 的暴露限值更为严格的标准，比 ICNIRP 标准有更大的安全余度。1988 年卫生部颁布了《电磁辐射防护规定》（ GB 8702-88 ）和《中华人民共和国环境电波卫生标准》（ GB 9175-88 ），这两个标准很详细地规定了电磁波对人体影响的定义、计算方法、安全值等内容，指出达到这两个标准就应认为电磁波环境对人体是安全的。标准以电磁波辐射强度及其频段特性对人体可能引起潜在性不良影响的阈下值为界，将环境电磁波容许辐射强度标准分为两级。一级标准为安全区，指在该环境电磁波强度下长期居住、工作、生活的一切人群（包括婴儿、孕妇和老弱病残者），均不会受到任何有害影响的区域。新建、改建或扩建电台、电视台、雷达站等发射天线，在其居民覆盖区内必须符合"一级标准"的要求。二级标准为中间区，指在该环境电磁波强度下长期居住、工作和生活的一切人群（包括婴儿、孕妇和老弱病残者）可能引起潜在性不良反应的区域。在此区内可建造工厂和机关，但不许建造居民住宅、学校、医院、疗养院等，已建造的必须采取适当的防护措施。电磁辐射强度分级标准，如表 7-3 所示

表 7-3　电磁辐射强度分级标准

波长	单位	容许场强	
		一级（安全区）	二级（中间区）
长、中、短波	V/m	≤ 10	≤ 25
超短波	V/m	≤ 5	≤ 12
微波	μW/cm2	≤ 10	≤ 40
混合	V/m	按主要波段场强；分散波段则按复合场强加权	

从表 7-3 可看出一级标准安全区的微波允许辐射场强为 10μW/cm2。根据中国消费者协会和中国计量测试学会委托中国计量科学研究院进行的手机电磁辐射测试实验，测试结果显示，手机在呼出和接通时的几秒内电磁辐射最大，19 种 GSM 手机中有 15 种辐射最大值可达 2000μW/cm2 以上，更有个别手机辐射最大值高达 10000μW/cm2，最小值也达到 300μW/cm2，而无线

对讲机甚至可以达到 5W；待机状态下，虽然手机不时发射信号与基站保持联系，但电磁辐射很小，测试的 19 种 GSM 手机中，有 11 种手机待机状态时电磁辐射都在 $1\mu W/cm2$ 以下，其他的也在 $7\mu W/cm2$ 以下。而目前基于 RFID、ZigBee、UWB、Wi-Fi 等无线技术实现定位的电子腕带（或电子脚环）均能够满足国标中的一级标准，在此环境下使用对于人体的电磁辐射非常小，对于婴儿、孕妇和老弱病残特殊人群而言也是相对安全的。

目前，中国与电磁辐射相关的国家标准情况如下：

《电磁辐射防护规定》（GB 8702—88）

《环境电磁波卫生标准》（GB 9715—88）

《微波和超短波通信设备辐射安全要求》（GB 12638—90）

《作业场所微波辐射卫生标准》（GB 10436—89）

《作业场所超高频辐射卫生标准》（GB 10437—89）

《作业场所工频电场卫生标准》（GB 16203—96）

《电磁辐射环境影响评价方法与标准》（HJ/T 10.3—1996）

第8章 监狱物联网解决方案

本章重点

◎ 了解监狱物联网生命体征监测应用

◎ 了解监狱物联网 RFID 区域定位应用

◎ 了解监狱物联网 UWB 精确定位应用

8.1 生命体征监测系统

8.1.1 系统概述

监狱生命体征监测系统源自监狱对罪犯体温、心率、血压等生理参数实时感知的迫切需求——心理压力可以对人体产生多种影响，包括心率、血压、面部微表情、睡眠状态和体温的变化，物联网射频感知技术的发展已经能够实现一定距离外监测这些生理参数变化，尽管可靠性还有待进一步提高。对监狱实际应用而言，罪犯生理参数出现异常往往可能提示有突发暴力或自杀、猝死等事件。

生命体征是用来判断人是否正常的主要指征，包括呼吸、体温、脉搏和血压，医学上称为4大体征，它们是维持机体正常活动的支柱，无论哪项异常都会导致严重后果。

1. 体温

体温，通常指人体内部的温度，正常人腋下温度为36℃～37℃，在24小时内略有波动，一般情况下不超过1℃。生理情况下，早晨略低，下午或运动和进食后稍高。另外，体温受性别、年龄、体力活动影响，当精神紧张和情绪激动时也可使体温升高，有的机体在某种紧张情况下体温可升高2℃左右。身体各部分的温度其实并不一样，可分为深部温度和体表温度两部分。这里所说的深部和体表无严格的解剖含义。

（1）深部温度。人体深部温度是相对稳定而又均匀的，但由于代谢水平不同，各个内脏器官的温度也略有差异。由于血液不断循环，会使深部各器官的温度趋于一致。因此在理论上，体温是指机体深部的血液温度，它可代表身体内部器官温度的平均值。

（2）体表温度。体表温度要低于深部温度，而且由里及表存在着明显的温度梯度。体表具有一定的厚度，在体温调节中可起到隔热层作用，通过它维持着深部体温的相对稳定。体表的最外层，即皮肤表面，其温度称为皮肤温。机体各部位的皮肤温相差很大。在环境温度为23℃时测定，额部的皮肤温为33℃~34℃，躯干为32℃，手为30℃，足为27℃。在寒冷的环境中，随着气温下降，四肢末梢（手和足）的皮肤温度显著降低，而头部皮肤温的变动相对比较少。皮肤内含有丰富的血管，凡能影响皮肤血管舒缩的因素都能改变皮肤的温度。

目前远距离、多目标、非接触式的红外热成像测温仪用于公共场所甄别发热人群已是相对成熟、安全、便捷的应用方式。

2. 心率（或脉搏）

心动周期中，动脉管壁有节奏地、周期性地起伏叫脉搏。检查脉搏通常用两侧桡动脉。正常脉搏次数与心跳次数相一致，节律均匀，间隔相等。白天由于进行各种活动，血液循环加快，因此脉搏快些；夜间活动少，脉搏慢些。婴幼儿为130～150次/分钟，儿童为110～120次/分钟，正常成人为60～100次/分钟，老年人可慢至55～75次/分钟，新生儿可快至120～140次/分钟。

一般来说，人在安静或睡眠时心率减慢，运动或情绪激动时心率加快。在某些药物或神经体液因素的影响下，心率也会加快或减慢。持续的监测脉搏对实时掌握人员的身体状态有非常积极的意义。目前用于监测心率的可佩戴智能硬件主要采用光电式为主，如AppleWatch采用的光电容积脉搏波描记法（Photo Plethysmo Graphy，PPG）的光学技术，利用LED绿光和红外光，以及两种光传感器通过血流检测来测量心率，此外还有采用压力感应传感器或心电传感器的方案来实现。

3. 呼吸

呼吸是呼吸道和肺的活动。人体通过呼吸，吸进氧气，呼出二氧化碳，是重要的生命活动之一，一刻也不能停止，也是人体内外环境之间进行气体交换的必要过程。正常人的呼吸节律均匀，深浅适宜。

呼吸正常值在平静呼吸时，成人为 12 ～ 20 次 / 分钟，儿童为 30 ～ 40 次 / 分钟，儿童的呼吸次数随年龄的增长而减少，逐渐达到成人的水平。呼吸次数与脉搏次数的比例为 1：4。正常人在情绪激动、运动、进食、气温升高时会出现呼吸加快情况，可高于 20 次 / 分钟，在安静睡眠时呼吸会减缓。目前主流的监测方式是采用压力或运动传感器，通过采集胸腹部运动信号进行分析处理，从而得到与呼吸相关的数据。

4. 血压

血压是指血管内血液对于单位面积血管壁的侧压力，是衡量心血管功能的重要指标之一，一般指动脉血压。心室收缩时，动脉内最高的压力称为收缩压；心室舒张时，动脉内最低的压力称为舒张压。收缩压与舒张压之差为脉压。血压测量位置一般选用上臂肱动脉为测量处，临床上多采用柯氏音等间歇测量法测量血压。这种方法只能得到人体某一时刻的血压值，很难进行实时监测。血压测量值受多种因素的影响，如情绪激动、紧张、运动等，尽管大多数手环和手表测出的血压不是完全准确的，但基本能正确地反映出血压变化趋势，并且观察连续血压走势具有重要的实际意义。目前，借助可穿戴设备将基于光电—心电法（PPG–ECG）的血压跟踪测量与腕表结合已上市。

除了体温、脉搏、呼吸和血压 4 大基本的生命体征外，还有其他体征，如血糖、血氧饱和度等。根据报道，有研究就利用"心理压力越大，血氧水平越高"原理，通过测量脸部血液中氧含量，研发出可以在人群中寻找高度紧张人员的智能摄像机，为识别自杀式袭击者提供了有效手段。

生命体征监测的核心在于传感器，如温湿度传感器、压力传感器、位移传感器等。从 2013 年起，包括智能手环、智能手表在内的智能可穿戴设备热潮已经悄然兴起，AppleWatch 和 GoogleGlass 都属于可穿戴设备，可穿戴式生命体征监护设备被认为是科技产业下一个巨大的增长点，配置多个传感器的可穿戴设备既可以追踪用户的健康状况，又能提供与地理位置有关的功能，例如地图、购物，甚至金融服务。可穿戴设备不仅仅是一种硬件设备，还能通过软件支持及数据交互、云端交互实现强大的功能。运动手环即是通过内置简单的计步传感器来监测热量消耗。人们期望通过可穿戴设备了解到更复杂的健康状况，如血糖指数、中风隐患等，有定位传感功能的电子腕带有更好的预警效果。

可穿戴智能设备中的传感器大致可以分为以下三种：

（1）运动传感器主要有加速度计、陀螺仪、磁力计和压力传感器（通过测量大气压力来计算海拔高度），主要用于运动监测、导航、娱乐、人机交互等。

（2）生物传感器主要有血糖传感器、血压传感器、心电传感器、肌电传感器、体温传感器和脑电波传感器。

（3）环境传感器主要有温湿度传感器、气体传感器、紫外线传感器、环境光传感器、颗粒物传感器、气压传感器、麦克风等。监狱生命体征监测应用中一般都会采用电子腕带结合传感器的方式来采集人体生命体征数据，这些感知数据必须经过可信度分析，过滤掉外部环境的干扰，并结合其他信息源（如人员的运动状态信息）和业务场景才能被挖掘和利用。

8.1.2　生物识别技术的发展

生物识别技术通过计算机与光学、声学、生物传感器、生物统计学原理等高科技手段密切结合，利用人体固有的生理特性（如指纹、指静脉、人脸、虹膜等）和行为特征（如笔迹、声音、步态等）进行个人身份的鉴定。人类的生物特征通常具有唯一性、可以测量或可自动识别和验证、遗传性或终身不变等特点，因此生物识别认证技术较传统认证技术存在较大的优势。生物识别技术经历了由外在特征识别到内在特征识别的发展过程，反应在监狱生命体征监测应用需求的三个层面：

1. 第一层面：基于识别的需求

监狱物联网生命体征监测系统建设要求对目标系统中的每一个对象（设备或者人）配置唯一对应的识别码，这是架构物联网感知层的基本技术要求。为满足对象识别的要求，一般采用如下两种方式：

（1）以目标对象的外形特征作为识别依据。通过采集对象（设备或者人）个体具有唯一性的特征作为识别符号，用于快速、准确判定该对象的真实身份。如指纹、掌纹、静脉、虹膜等生物特征识别都属于该范畴。

（2）以 RFID 电子标签为载体，通过一一对应，与唯一对象绑定关系，通过对 RFID 的识别来达到对象识别的要求。

采用外形特征为识别依据的方式，由于个体的差异性，采集过程易受环境因素的影响，识别效率低，很大程度上限制了大面积的应用。而采用 RFID 电子标签作为识别标识，则由于携带者可能发生变换，容易导致识别系统对应混乱，因而采用防拆卸腕带来实现 RFID 标签识别身份的唯一性。

2. 第二层面：基于位置的需求

用智能化的手段解决"是谁"的问题后，监狱物联网生命体征监测系统建设接下来要解决的就是"在哪"的需求。

有了识别的技术基础，要实现位置信息的采集，除了传统视频分析为识别依据的方式外，以 RFID 电子标签结合传感器实现定位识别的方案应该是更合适的选择。

（1）实现位置的实时监测

人员作为物联网的核心元素之一，实时的位置信息应该在物联网中予以准确反映。采用 RFID 技术将人"标签化"后可以实现对特定人员在特定区域所处位置的实时监测。

（2）实现基于位置状态的监测

通过位移、速度/加速度传感器结合 RFID 电子标签实现对监测对象移动速度/移动方向的实时监测。实时采集的移动状态数据还可以准确反映对象所处区域是否符合授权要求，还可以扩充到监狱某区域罪犯人数清点、轨迹查询、越界报警等功能。

3. 第三层面：基于行为的需求

解决了"是谁"和"在哪"的问题后，监狱物联网建设接下去就是要解决更深层面的信息"在做什么"，即对象的行为属性。

行为的采集和分析是一个相当复杂的工程，需要大量的可信数据做支撑。从前端感知的角度看，在完成对人员实时位置监测基础上，还需进一步掌握该对象的实时状态信息——从外在的运动状态信息，到体温、心率、血压等基本的生命体征信息，最后会演进到对更深层次的情绪、紧张程度等心理属性信息的获取。

（1）实时行为状态监测

行为状态数据的采集，主要是通过位置、加速度、高度等传感器对人员行为状态的感知，包括处于休息还是行走状态，是运动还是跌倒，是否长时间处于某一状态，从而来分析判断人员的行为。

（2）实时生命体征监测

生命体征数据的采集，通常以温度传感器探测体温、压力传感器探测脉搏/血压、化学传感器探测汗液成分（如酒精含量）、微电信号传感器实现心/脑/肌电图监控等。通过脉搏、体温、血压等体征数据的监测，可以更近一步分析监管对象的行为特征。

（3）与外部信息交互

如果单一的对状态或体征进行监测，还是有其局限性的，要获取更有应用价值的感知数据，还需要结合更多外部信息（如环境信息）。通过以速度、加速度等传感器结合实时生命体征监测，在获取对象运动行为数据（静止、运动、跌倒等）的基础上，附加以实时体征数据可信度的基本条件，再结合客观外部环境和时间特征（如区分处于晚上睡觉时间还是放风时间等），也即构成4个W（Who, Where, What, When），综合分析形成以人为中心的感知数据档案，以感知数据为基础进行更深层面的数据挖掘和行为分析。

8.1.3　体征监测方式的演变

通过传感器并利用网络实现远程监测，物联网技术解决了感知的问题，就像人类的眼睛、耳朵、皮肤。这个革命性转变的一个原因就是监测方式发生了根本性改变。一些原本需要通过人为方式获取的信息可以借助技术手段自动地获取，如人员的位置信息可以借助电子标签来实时获取，人的部分行为数据获取也可以用智能视频分析的方法获取。

体征监测方式未来会向更简便的方向演进，如心率的采集方式目前比较先进的做法是用"可穿戴"的智能硬件结合传感器的方式实现，而在特定的应用场景下，通过"无需穿戴"的非接触监测方式对生命体征数据进行连续实时的采集可能是更易被接受的方案。

物联网技术的日益成熟，使得对监狱罪犯的定位管理、越界管理、行为识别等管理有了全新的工具与手段。通过给监狱顽危犯佩戴电子腕带或电子脚环，使其成为监狱物联网中的一个信息点，通过接收器可以将佩带人员的移动速度、方位、高度、生命体征(温度、脉搏)等信息通过网络发送给后台，通过对信息整合、分析实现对罪犯的有效管理。

8.1.4　系统总体架构设计

监狱生命体征监测系统将 RFID 无线射频识别与传感器技术相结合，作为感知层架构的基础，并以监管对象为中心，实现对身份、生命体征及外部环境的集中感知。通过搭建统一的监狱物联传感网作为传输层，实现不同类型传感器进行可靠、安全的智能传输。通过监狱物联网中间件技术，实现监狱感知信息的集中管理，并可将所有的感知数据共享给其他监狱安防及业务平台。大数据应用场景则可结合监狱业务需求来选择合适的感知信息进行数据挖掘。

在架构设计上需要达到以下技术要求：

（1）安全性。整个网络应该采用监狱统一专用的无线射频协议，实现无线通信网络与有线通信网络之间的隔离，避免可能通过无线射频通信网络接入监狱内部数据网络的可能性（物理隔离或网闸），传输仅限于相对位置、生命体征和环境感知信息，要求加密传输。

（2）可扩展性。整个感知网络应该遵从动态可扩展原则，系统能够支持后续不同类型感知标签的接入。

（3）相对开放性。所有关于对象的身份、位置、生命体征等感知数据应该为监狱所有，属于监狱的宝贵资产，并且这些数据在确保隐私和安全后，可以在监狱内部开放给其他相关业务系统所用。

（4）可维护性。系统对感知端的设备、传输层设备均应提供自动维护功能，对所有的设备能够通过统一的平台进行管理，以降低系统的维护成本。

监狱生命体征监测系统总体架构如图 8-1 所示。

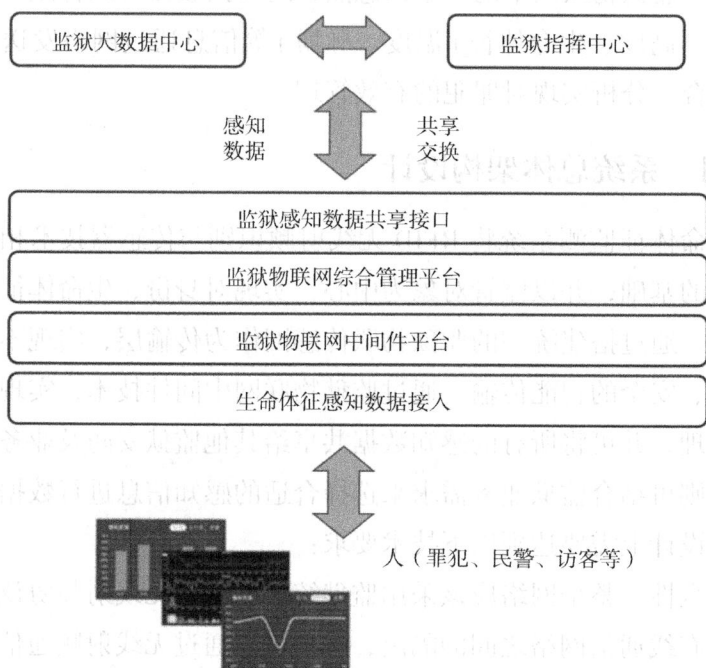

图 8-1   监狱生命体征监测系统总体架构

监狱生命体征监测系统以对象的生命体征感知数据为主线，经由监狱物联网中间件平台、监狱物联网综合管理平台实现对象感知数据的"全面感知、协同联动，共享交换"。

监狱生命体征监测系统的主要组成部分包括：

（1）腕带式传感器标签。生命体征数据的监测一般采用可穿戴电子腕带（或卡片）方式，通过佩戴在罪犯手腕上的标签，内部集成相应生命体征传感器，经过无线信号接收并分析，就可识别出标签的基本体征数据。

（2）非接触式生命体征传感器。非接触式生命体征传感器是先进且方便的物联网传感技术，与传统技术不同，其特色就在于"非接触"却能感知对象的基本体征数据。例如，可以通过安装在监所床上的特殊传感器，在不接触罪犯身体的情况下，就可以对罪犯的心率、呼吸、动作、位置、运动轨迹、微表情、睡眠状态等数据进行连续、动态、实时采集和分析，考察应激情境下罪犯情绪状态和行为模式的变化规律。

（3）监狱物联网中间件系统。监狱物联网中间件系统基于面向服务的软件架构，以标准的服务接口向上层应用系统提供服务，通过对感知数据的统一接入、统一解析和分类处理，可进行跨异质系统人员定位、视频监控、门禁和周界统一控制。系统的主要任务是对采集到的人员定位、视频监控、门禁和周界控制数据进行冗余过滤、整合及发布，对各消息格式和协议进行标准化转换，向上层应用系统或数据管理系统提供有价值的数据；同时屏蔽各类 RFID 读写器之间的不同，实现各部分之间透明融合，方便应用系统的开发，在 RFID 读写器与应用系统之间起到中介的作用。

（4）监狱物联网综合管理平台。监狱物联网综合管理平台是对物联网感知数据综合管控的系统，通过统一界面进行管理。管理平台可对数据进行持续实时监测、对比分析，实现对异常情况合理的预警。同时，数据可通过开放的 API 接口提供给各业务系统，实现对感知数据的共享。

8.1.5　系统功能设计思路

监狱生命体征监测系统功能设计如下：

1. 心率、呼吸实时监测

通过传感器实时监测罪犯的生命体征信号，主要包括实时的心率、呼吸等，可对有病患或有自杀自残倾向的罪犯进行重点监控。

2. 睡眠与心理状态预测

通过长期对罪犯生命体征、睡眠情况的监测可以实现对被监测人员的心理趋势分析，进而对该名罪犯行为进行预测。监测数据可直接与心理测试、心理健康教育、心理危机干预、个别教育等工作相结合。

3. 异常报警

可以根据事先设置的规则，在不符合规则的异常情形下实时报警：

（1）离床超时未归报警。当罪犯离开监舍自己床位（如去洗手间）超过一定时间报警。

（2）生命体征异常报警。当罪犯的生命体征出现异常时及时报警，如心率监测突发异常。

4. 单警生命监测及监管安全保障

建立以单警生命监测系统为基础的监管安全保障信息链，对于突发事件现场实施定位搜救与身份确认具有重要价值。通过生命体征传感器，可有针对性地做好应急救援准备，精确调度监管力量与资源，全面提升监狱安全保障能力。

5. 罪犯心理评估

通过对罪犯的生理（脑电、心率、呼吸、皮电）、生化（皮质醇）和行为指标（微表情、动作、行为绩效）的全周期多维度采集，构建罪犯常态/应激态/任务态下的多模态生理—生化—行为数据库，将为监狱更好地对罪犯精确识别、准确预判，定性定量建立科学的心理评估和风险指标，为个别化教育矫正提供关键数据。

8.2　RFID 区域定位系统

8.2.1　系统概述

根据监狱无线定位的概念，当前主要是实现室内 0.5～5m 的定位精度、室内特定房间和特定区域无误差区分、所在楼层无误差判定、室内外无误差区别及室外精度为 5～10m 的定位精度。监狱无线定位系统开发可以围绕上述精度设计应用场景，随着无线定位技术的不断发展，未来定位精度将不断提高。

受各种因素的影响，目前监狱精确定位的需求存在被过度解读的问题。监狱无线定位应用试点都被寄予厚望，期待实现科幻场景的效果，结果就是对无线定位技术产生怀疑。RFID 电子腕带技术在监狱的应用，首要解决的问题就是将人（罪犯、警察、访客等）信息化，即通过电子标签（腕带）将人转换为一个信息节点接入监狱网络，同时可以通过这个信息节点归并相关关联数据（如罪犯刑罚矫正实施情况），实现"一号通"。在监狱无线定位应用中，根据之前章节对适用于监狱的无线定位技术分析，显然在当前技术条件下，有源 RFID 技术、WiFi 技术、ZigBee 技术定位精度都在 2～5m，很难实现监狱想象中的"精确"，即使通过改良定位算法或增加辅助参考节点的方法仍然难以与 UWB 技术 10～30cm 的定位精度相提并论。

实施监狱无线定位项目对应的监狱管理具体问题如下：

1. 无法实时准确掌握罪犯数量和位置

准确掌握监狱罪犯数量和位置是确保监管场所安全的首要因素。监狱警察需要实时了解罪犯所在位置，是否发生脱管、非法进出特定区域、非法靠近关键设施等行为。传统确认人数和位置手段非常原始，主要靠监狱警察不间断地人工重复清点。而罪犯是在不同区域间不断活动的，受限于警力不足，难免存在个别错报、漏报，甚至瞒报等情况的发生。而且靠警察人工逐个清点逐级上报，汇总速度慢，不具有时效性。

2. 无法严格做到对罪犯身份的唯一识别而不出错

对监狱里罪犯的身份识别还比较原始，人工辨认很难保证不出错。

3. 罪犯临时外出，访客进出监控难度大

在罪犯外出就医、提审、转监等需要出监的环节中，脱逃风险相对较高。目前主要是靠警力和械具，缺乏高技术手段做辅助。此外，对外来车辆以及施工维护人员进出监、律师、家属会见等情景，在管理上也有定位的需求。

监狱无线定位项目建设需求可归为如下两点：

1. 实现对警察、罪犯和外来人员的定位管理

通过佩戴电子标签（电子腕带）实现实时定位、自动点名、视频联动、轨迹回放、报警管理、查询统计等辅助功能。

2. 实现对特殊物品（如钥匙）和危险劳动工具等重要资产的定位管理

通过在危险劳动工具和重要资产上安装电子标签，实现在资产管理、劳动工具发放和归位等方面的实时定位、自动统计。

8.2.2 系统总体架构设计

监狱无线定位项目在架构设计上需要达到以下技术要求：

（1）整体性。系统整体设计应统一规范，功能模块设计必须清晰合理，并能够有效地与监狱管理、指挥平台相融，实现监狱一体化、自动化管理。

（2）先进性。系统设计规划应当符合当今信息系统发展趋势的主流技术和思想，技术成熟。

（3）实用性。系统设计应该充分考虑监狱实际工作特点和已有软硬件系统实际情况，使系统具有很强的实用性。

（4）可靠性。系统设计必须充分考虑稳定性和可靠性，保证在正常情况和极端情况下的正确性，避免由于单点故障而影响整个系统的正常运行，确保系统最大限度地发挥作用。

（5）安全性。系统设计既要考虑信息安全，又要考虑对人体的安全。

（6）可伸缩性。当系统容量发生变化时，应能通过在横向和纵向的各个层次的扩充，保证系统合理的响应时间和吞吐量。

（7）易用性。系统应具有统一风格、美观的用户界面和便捷实用的使用方法，使用户能在最短的时间内掌握操作方法。

（8）可维护性。系统软硬件设备应能够被简单方便地管理、修改和升级。

监狱无线定位项目评价标准可参考如下：

（1）定位方式和算法选择。

（2）定位响应时间及误差大小。

（3）抗冲突能力（标签读取密度）。

（4）抗干扰能力。

（5）标签电池寿命，以及是否支持休眠功能。

（6）标签的尺寸、形状、IP防护等级等。

（7）信息安全能力。

（8）部署难度大小，实施周期长短。

（9）对既有基础设施的重复利用率。

（10）投资收益率 ROI。

基于有源 RFID 的区域定位系统总体架构如图 8-2 所示。

实时定位服务器通过接收佩戴在警察身上的射频定位标识卡和佩戴在罪犯身上的电子腕带，以及资产、劳动工具标签发射的无线射频信号计算出人员、物品的相对实时位置；监狱人员行为分析服务器则基于人员位置分析人员行为；业务系统服务器可提供罪犯和监狱警察相关基本数据及监管业务数据；结合电子地图则可实时在监狱 GIS 中显示警察、罪犯、访客的实时位置信息和行动轨迹。

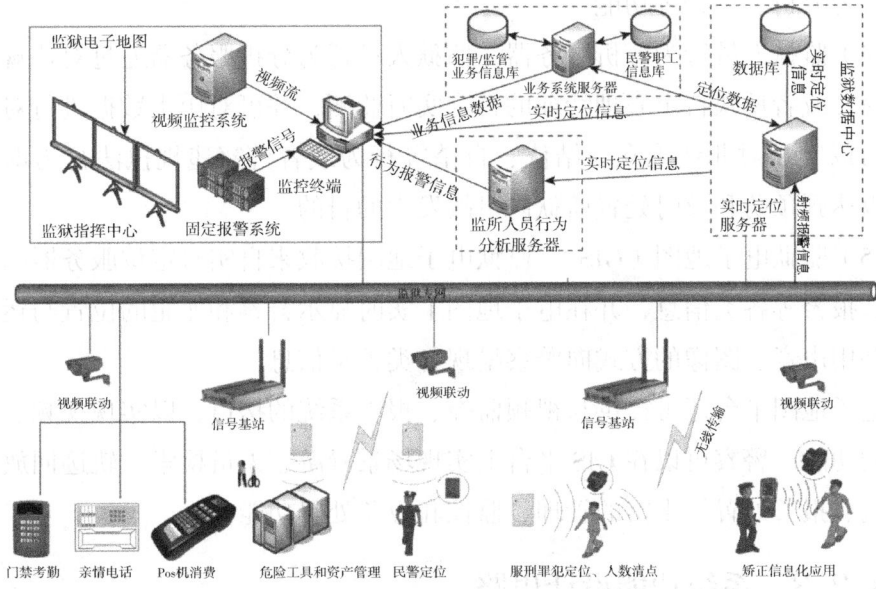

图 8-2　RFID 区域定位系统架构

基于有源 RFID 的区域定位系统的主要组成部分如下：

（1）防拆卸电子腕带（罪犯用）。射频定位电子腕带是佩戴在罪犯手腕上的无线射频发射装置，通过定时发出唯一编号来标识罪犯个体。除此之外，电子腕带还发送无线射频信号用来分析电子腕带所在的位置，报告腕带的状态，例如电池状态、是否被拆卸等。

通常可以在电子腕带中集成多种频率，对应实现多种应用，如集成 13.56MHz 用于实现门禁考勤、亲情电话和电子消费刷卡。最新应用还包括集成生命体征监测系统等。

（2）射频定位标识卡（警察、访客用）。射频定位标识卡是佩戴在警察、访客身上的无线射频发射装置，通过定时发出唯一编号来标识警察、访客个体。除此之外，卡片上提供隐蔽式报警按钮，当遇到突发事件时按下按钮（或拉挂绳），定位标识卡即可发送报警信号。报警信号由射频信号分析器接收并传送到实时定位服务器。

（3）实时定位服务器。实时定位服务器通过接收射频定位信号和报警信号，根据信号数据包的内容计算出每个射频定位标签的实时位置，并将报警信号立即发送给指挥中心监控终端。实时定位服务器还可提供实时位置存储、回放、行为分析、预警等功能。

（4）监狱人员行为分析服务器。监狱人员行为分析服务器通过对违规、危险行为，或者反映特定心理特征的行为实时监测，并可对历史数据进行对比分析，可以实现对非法聚众、结伙、自杀等行为或者警察违规执法行为即时报警，以达到预防和及时处置监狱内事故发生的目的。

（5）监狱电子地图（GIS）。监狱电子地图接收来自实时定位服务器的实时位置、报警等各类信息，并在电子地图上实时显示警察和罪犯的位置与运动轨迹，并用声音、图像的方式向警察呈现各类警示信息。

电子地图平台还可提供与视频监控、报警系统的接口，以实现视频、报警联动的功能。警察可以在 GIS 平台上实现场景漫游、人员检索、轨迹回放、视频调阅、报警处置等丰富的管理、监控和应急处置功能。

8.2.3　系统功能设计思路

监狱无线定位应用使监狱信息化建设的目标从传统门禁和周界等被动式安防转向主动式，即以监狱中的主体"人"为核心，通过电子标签转化为信息点接入到监狱物联网感知端。监狱警察可以实时掌握狱内各受控区域的罪犯数量和位置信息，包括周边执勤警察的信息，可实现对各种突发事件的报警功能。当有突发事件时能够迅速定位相关罪犯和执勤警察，并能够迅速查询到历史行动轨迹。

1. 基本功能

（1）自动人数清点。根据监管业务的需要和实际场所环境，将整个监管场所划分成不同区域，如监舍、医院、食堂、教学楼等，实现罪犯人数清点的自动化。

（2）人员实时定位。人员实时定位在实际设计应用中可以考虑"凸显管控需求，弱化定位功能"。发生脱逃、脱管、非法进出特定区域、非法靠近关键设施等行为，系统会立即定位报警所在位置和历史轨迹信息，并调阅现场视频图像供警察进一步分析处理，而平时正常的定位数据是否显示并不一定是必需的。

（3）外出管理与监控罪犯因就诊等需要临时出监时，警察可以将警务通手持机与该名罪犯的电子腕带绑定。一旦罪犯离开警察超过规定距离或该腕带被破坏时即可提醒警察，同时报警信息也会传递回监狱指挥中心。

（4）实时报警

①定位标签（腕带）信号丢失报警。当一定区域内射频标签数量太多导致冲突，或标签离开信号覆盖区域等情况发生时会产生定位标签（腕带）信号丢失，系统立即报警。

②定位腕带破坏报警。电子腕带本身应具有防破坏设计，若发生剪断或强行摘除等破坏内部线路事件，系统会立即报警。

③不符合预定规则报警：

● 区域滞留报警。人员在某区域超时滞留报警（超时滞留时间可灵活设置）。

● 未按时进入指定区域的报警。人员在规定时间内未到达指定区域则报警。

● 进入非法区域的报警。罪犯进入违禁区域报警，如违规串监区事件。

● 非授权离开某区域报警。罪犯非授权离开某区域报警。

● 轨迹偏离报警。轨迹偏离预设置路线报警。

● 非授权聚集报警。在未授权时间和区域，对最大允许人员聚集数量进行设置，一旦有超过设定数量的罪犯聚集则报警。该功能还可以延伸为任意标签聚集报警，如设置同一案件人员不能相遇以防串供，或者两名相互斗殴嫌疑者。

④呼叫报警罪犯、警察及访客在特殊情况下可以通过按腕带或者卡片上的报警按钮实现快速呼叫报警。

⑤电量不足报警。当定位标签（腕带）电池电量不足时可发出电量不足的报警信号，提醒更换电池。

（5）查询统计

查询统计功能可对系统中的定位报警和区域进出等情况进行统计，为管理提供量化的数据。可以根据区域、时间、人员类别及具体个人进行查询，也可以任意组合查询。

①区域查询统计。各相关人员或区域管理人员可以对其直属管理区的数据进行统计，如查询统计某个时间段该区域内应到人数、实到人数、异常或报警人数（权限级别高的管理员可对其下属管理区域的数据进行管理统计）。

②不同人员类别的查询统计。罪犯、警察、临时外来人员（如家属、律师、检察官、设备维护人员等）的数量及所在的区域。

③时段查询统计。统计某时段内的人员进出、报警数量等情况，例如统计一个月内外出就医的人数，统计一周内的报警情况等。

④个人轨迹查询。查询某罪犯一天内的轨迹情况，并可联动回查当时出入相关区域的录像。

（6）与指挥平台无缝集成

通过与指挥平台无缝集成，实现与视频、门禁、周界、业务系统协同联动，达到主动式、智能化安防要求。

（7）系统管理

①定位标签管理：

● 定位标签自动检测系统，自动检测所有使用中的定位标签状态，发现异常情况，例如突然或长时间未接收到某个定位标签信号，系统告警，提示警察检查该定位标签是否损坏。

● 定位标签增删改查功能，对新入监的罪犯发放佩戴电子腕带后，警察可在系统中添加电子腕带编号并同时关联该罪犯的详细信息，出监时则可删除。访客用的临时电子标签可以采用快捷关联方式。

②报警规则管理可根据实际情况需要，自定义设置警戒区闯入和罪犯脱离产生报警的激活时间段，甚至可以自定义警戒区范围、界限，以及针对个别罪犯的脱离报警区域。系统可灵活设置，以方便警察的管理，减少误报情况的发生。

③人员出入授权对指定的罪犯进行临时授权操作，允许其出入警戒区或管制区域。授权操作必须包含罪犯信息、授权时间、授权区域范围、责任警察信息等。访客用的临时电子标签也一样需要授权其出入范围。

④用户权限管理可以根据不同用户需要，进行系统操作权限的设置。如对登录用户信息、罪犯信息、警察信息以及电子标签（腕带）信息进行添加、查询、修改及删除操作。

2. 扩展功能

（1）重要资产管理。在重要资产上安装带有位移传感器的电子标签，资产一旦移动就可触发报警。资产和其主人的标签可以绑定，进出门时如果系统检测到不是两个标签同时出现，可触发报警。

（2）枪支警械管理。枪支警械也可安装带有位移传感器的防拆电子标签，一旦枪支被强行从枪架取下，电子标签即时发送一个特殊的 ID 给接收器，接收器收到信号立即判断是否驱动报警主机报警。实际使用中还可以将枪支和弹药分开存放，采用不同授权电子标签实施管控，确保安全性。

（3）危险劳动工具管理。危险劳动工具管理的规范化程度直接影响到监狱的安全与稳定。通过劳动工具与电子标签结合，可以将劳动工具登记、发放、归还等程序在系统内同步实施，真正做到"底数清，情况明"，实现全天候、全覆盖动态管理。

（4）集成生命体征监测。可以在电子腕带中集成生命体征监测，对有病患或有自杀自残倾向的罪犯进行重点监控。

8.3　UWB 精确定位系统

8.3.1　系统概述

精确定位是一个相对概念。很难去评价究竟多少米精准度可以算是区域定位，多少米又可以算是精确定位，尤其在室内定位技术快速发展的今天。从监狱无线定位应用的需求来看，人员定位的精准度是否需要达到"纳米机器人执行精确定位身体区域并运送药物任务"的要求，答案可能是并不迫切。UWB（Ultra Wide Band）技术、CSS 技术等都可以实现几十厘米级的定位，本章将探讨基于 UWB 技术实现监狱相对精确定位的问题。

UWB 超宽带无线技术是一种使用 1GHz 以上带宽且无须载波的先进无线通信技术。UWB 超宽带无线电中的信息载体为脉冲无线电。脉冲无线电是指采用冲击脉冲（超短脉冲）作为信息载体的无线电技术。这种技术的特点是通过对非常窄（往往小于 1ns）的脉冲信号进行调制，以获得非常宽的带宽来传输数据。UWB 使用的电波带宽为数 GHz，与为 20MHz 左右的无线 LAN 相比，UWB 利用的带宽高出数百倍，其通信速度可以达到每秒几百兆位以上。

UWB 的定义经历了以下三个阶段：

第一阶段：1989 年之前，UWB 信号主要是通过发射极短脉冲获得，这种技术广泛用于雷达领域并使用"脉冲无线电"这个术语，属于无载波技术。

第二阶段：1989 年，美国国防部高级研究计划局（Defense Advanced Research Projects Agency，DARPA）首次使用 UWB 这个术语，并规定若一个信号在衰减 20dB 处的绝对带宽大于 1.5GHz 或相对带宽大于 25%，则这个信号就是 UWB 信号。

第三阶段：为了促进并规范 UWB 技术的发展，2002 年 4 月 FCC 发布了 UWB 无线设备的初步规定，并重新对 UWB 作了定义。按此定义，UWB 信号的带宽应大于等于 500MHz，或其相对带宽大于 20%。

超宽带无线通信技术在 20 世纪 90 年代以前主要限于政府和军方项目的研究。2002 年 2 月，美国联邦通信委员会（FCC）分配了 3.1~10.6GHz 共 7.5GHz 的带宽向 UWB 商用通信开放。IEEE802 委员会也已将 UWB 作为个人区域网（PAN）的基础技术候选对象来探讨。2007 年 3 月，ISO 正式通过了 WiMedia 联盟提交的 MBOFDM 标准，正式成为 UWB 技术的第一个国际标准。UWB 技术被认为是无线电技术的革命性进展，巨大的潜力使得它在无线通信、雷达跟踪、精确定位等方面有着广阔的应用前景。

超宽带频段用于定位技术具有如下优势：

（1）良好的抗干扰性。由于超宽带无线电发射的是持续时间极短的单周期脉冲且占空比极低，UWB 扩频处理增益主要取决于脉冲的占空比和发送每位所用的脉冲数。UWB 的占空比一般为 0.01~0.001，具有比其他扩频系统高得多的处理增益，抗干扰能力强，抗干扰处理增益在 50dB。多径分辨能力强，由于 UWB 极高的工作频率和极低的占空比而具有很高的分辨率，窄脉冲的多径信号在时间上不易重叠，很容易分离出多径分量，所以能充分利用发射信号的能量。

（2）功耗极低。UWB 系统使用间歇的脉冲来发送数据，脉冲持续时间很短，一般在 0.20~1.5ns，占空因数低，系统耗电可以做到很低，是传统移动电话所需功率的 1/100 左右，是蓝牙设备所需功率的 1/20 左右。

（3）结构简单。由于是采用脉冲进行信号调制和传输，直接用脉冲小型激励天线，不需要传统收发器所需要的上变频，从而不需要功用放大器与混频器，因此 UWB 允许采用非常低廉的宽带发射器。

（4）安全性高。UWB 信号的功率谱密度低于自然的电子噪声，从电子噪声中将脉冲信号检测出来是一件非常困难的事。采用编码对脉冲参数进行伪随机化后，脉冲的检测将更加困难。

（5）定位精度高。冲击脉冲具有很高的定位精度，可在室内外提供厘米级定位精度。

目前市场上成熟的商用 UWB 产品可以达到 10~30cm 的定位精度，其实现精确定位的原理与无线测距原理有关。基于到达时间差和到达角度相结合（TDOA/AOA）是 UWB 定位技术中采用最广泛的定位方法。无线电波确定位置是通过测量发射机到接收机的路径来进行的，只有直线路径是正确的，各种反射路径都是错误的。采用传统的射频方式定位，反射会扭曲直线路径信号，使精确定位变得困难。UWB 超宽带技术可从反射信号中识别出直接的路径信号，使精确定位变得简单。由于冲击脉冲具有很高的定位精度，采用超宽带无线电通信，很容易将定位与通信合一，而常规无线电难以做到这一点。超宽带无线电具有极好的抗干扰能力，可在室内和室外进行精确定位

UWB 精确定位原理如图 8-3 所示。

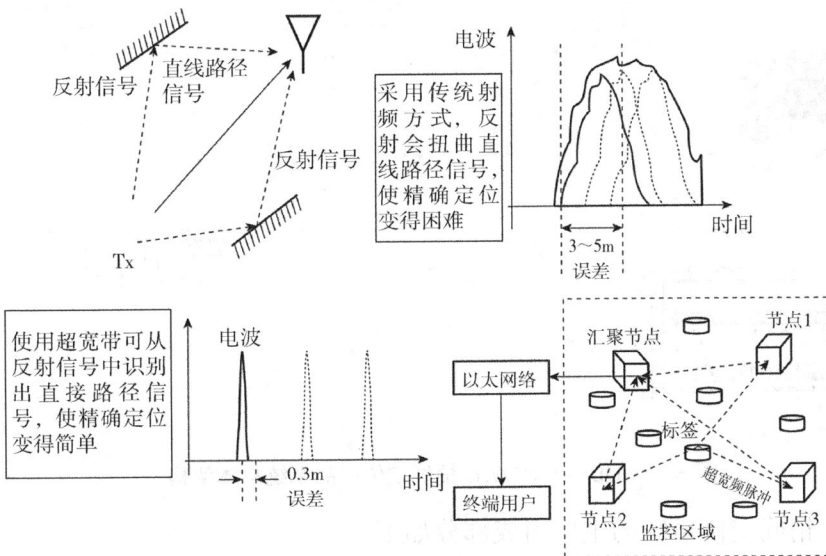

图 8-3　UWB 精确定位原理

目前已有多家厂商开发推出了 UWB 芯片、应用开发平台和相关设备，其中以 Ubisense、TimeDomain、MSSI（后被 Zebra 收购）等公司为代表。

8.3.2　系统总体架构设计

目前基于 UWB 的无线定位商用项目还不多，缺乏可借鉴的成功经验。根据相关资料，UWB 精确定位系统一般由 4 个组成部分: 定位传感器（Sensor）、有源定位标签（Tag）、时间同步分配器（TimingHub）和定位服务器（包括定位平台和数据接口）。在系统中，时间同步分配器负责所有传感器的时钟同步。定位标签主动发射 UWB 脉冲信号传给传感器，传感器接收到信号后采用 TDOA/AOA 定位算法对标签位置进行分析，最终通过有线以太网传输到定位服务器，服务器中的定位引擎进行数据解算、过滤和优化，通过标准的数据接口输出。UWB 定位单元可以实现无缝蜂窝连接，将定位空间无限扩展，定位标签可以在各个单元自由移动，通过定位平台软件分析，将定位目标路径真实地以虚拟动态三维效果显示出来。

UWB 精确定位系统总体架构如图 8-4 所示。

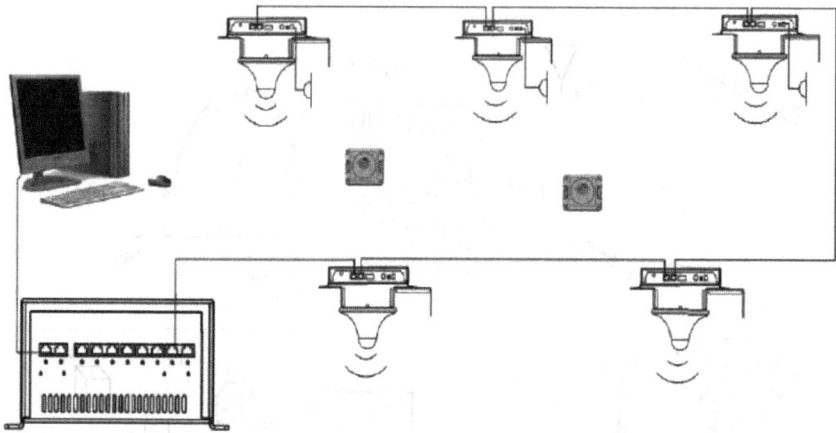

图 8-4　UbisenseUWB 精确定位产品系统总体架构

UWB 精确定位系统的主要组成部分如下:

（1）定位传感器 UWB。定位传感器包含一个天线阵列及 UWB 信号接收器，可以通过检测定位标签发出的 UWB 信号来计算该标签的实际位置。在工作过程中，每个传感器独立测定 UWB 信号的方向角和仰角(AOA)，而到达时间差信息(TDOA) 则必须由一对传感器来测定，而且这两个传感器均部署了时

间同步线。这种独特的 TDOA/AOA 相结合的测量技术可以构建灵活而强大的定位系统

（2）有源定位标签。有源定位标签相对体积较小，可置于资产设备、交通工具上，并获得精确度达 15cm 级别的 3D 动态定位信息。标签支持低功耗的休眠模式，能通过内置的运动检测传感器立即激活标签。

（3）时间同步分配器。TOA 定位方法需要目标节点与参考节点之间精确的时间同步，TDOA 定位方法需要参考节点之间精确的时钟同步，时间同步分配器负责所有传感器的时钟同步。

（4）定位服务器。实时定位服务器能从定位传感器、有源定位标签及其他 RTLS 传感系统中获取数据，用户可以很方便地对监控场所进行部署，并将定位网络协同在一个实时、高精度的状态下获取定位的性能，能将场景实时动态地虚拟出来。

8.3.3　系统功能设计思路

鉴于与上一节 RFID 区域定位功能类似，本节不再赘述。

8.3.4　问题与展望

不管是采用何种定位技术，其最重要的三个技术参数是定位精度、通信距离和电池使用寿命。最佳的方案肯定同时满足较高的定位精度、较远的通信距离和较长的电池使用寿命，体积越小越好，但在当前技术条件下这几点是相互矛盾制约的。从技术角度，定位精度越高，用户体验也会越好，然而相应的成本及方案实施复杂度等相关问题也会明显暴露。事实上，目前多数监狱应用场景中，局部区域定位已经可以获得较好的应用效果，完全可以满足用户的需求，不必刻意去追求定位精度。

按照局部区域定位的需求，门禁系统其实就可以是一个最简单的局部区域定位范例——通过结合其他周界防范系统，如在出口设置红外栅栏等，在确认未发生电子标签越界事件时即可判定该标签在此房间。只不过门禁系统定位精度的最小单位受定位场所的具体室内结构限制。

在部署监狱无线定位应用时，应事先注意做好无线网络勘测与设计。目前多数问题集中在无线定位应用部署前并不能精准确定相关设备（如标签阅读

器）的部署数量和安装方式。通过对无线网络勘测和分析可能有助于达到正确带宽、速度和整体信号覆盖效果，有助于确定定位 AP、天线等器件的型号和数量，有助于确定理想的定位 AP 的位置、天线的方位角等工程参数，有助于定量分析射频干扰和噪声源，有助于监测无线节点的连接速度、重试率和丢包情况。

对于使用 RSSI 信号强度定位技术的应用，由于需要在使用前进行预训练——预先采集记录预定位区域各个位置（网格点）多个定位基站发射信号的信号接收强度 RSSI 值，再根据信号距离或分布特征实现相似度拟合，从而确定所在位置，因此更有必要对无线信号进行覆盖勘测。

在部署监狱无线定位系统时，还需要重视以下几点：

（1）监狱中单位面积的人数多且密集，同时实施定位实践是一个很大的挑战，需要充分考虑定位系统的实时性、准确性，以及定位基站的抗冲突、抗干扰能力，防止对定位标签信号的漏读。

（2）多数监狱面积大、楼舍多，要实现定位全覆盖则需要部署较大规模数量的定位设备。在大多数非新建监狱中，由于强弱电管线均已铺设完毕，因而必然对定位设备是否便于安装部署、是否易于管理维护等提出相应要求。

（3）无线定位信号漂移问题，一般可采用辅助定位、软件修正等方法修正。

（4）监狱无线定位系统必须与监狱的各种监控系统集成（指挥平台），实现预警联动。

（5）考虑到监狱数据的隐私和安全，监狱无线定位系统在信息安全方面应作考虑。

参考文献

1. T He，C D Huang，Brian M Blum，et al．Range-free localization schemes for large scale sensor networks[C]，Proc．of the 9th Annual Int1 Conf．on Mobile Computing and Networking.San Diego：ACM Press,2003．

2. Dragos Niculescu，Badri Nath．Ad-hoc positioning systems(APS) [C]．Proc．of the 2001 IEEE Global Telecom—munications Conf．San Antonio：IEEE CommunicationsSociety，2001．

3. Akyildiz I F，W L Su，Sankarasubramaniam Y，et al．A Survey on Sensor Networks [J]. IEEE Communications Magazine，2002，40(8):102—105．

4. HAbrach, SBhatti, JCarlson, et al.MANTIS: System Support for MultimodAl NeTworks of In-Situ Sensors. Proceedings of the 2nd ACM International Workshop on Wireless Sensor Networks and Applications, 2003.

5. 孙利民，李建中，陈渝，等．无线传感器网络 [M]．北京：清华大学出版社，2005．

6. 张有光，杜万，张秀春，等．全球三大 RFID 标准体系比较分析 [J]．中国标化，2006(3)．

7. 郎为民，刘德敏，李建军．泛在 ID(UID) 中心的 RFID 标准化进展 [J]．物流技术,2007(1)．

8. 王俊宇，闵昊．EPC 系统结构及其面临的问题 [J]．小型微型计算机系统，2006(7)．

9. 杜云明，周杨．无线射频识别技术与应用研究 [J]．自动化技术与应用，2010（5）．

10. 伍新华，陆丽萍．物联网工程技术 [M]．北京：清华大学出版社，2011．

11. 杨刚，沈沛意，郑春红，等．物联网理论与技术 [M]．2 版北京：科学出版社，2012.

12.　刘云浩．物联网导论 [M]．北京：科学出版社，2010.

13.　彭扬，蒋犬兵．物联网技术与应用基础 [M]．北京：中国物资出版社，
2011.

14.　于海滨，曾鹏，梁韦华．智能无线传感网络系统 [M]．北京：科学出版
社，2006.

15.　沈嘉．UWB 技术及标准化进展 [EB/OL]．http://www.ccsa.org.cn/article_
new/show_

16.　吴功宜．智慧的物联网 [M]．北京：机械工业出版社，2010.

17.　《虚拟化与云计算》小组．虚拟化与云计算 [M]．北京：电子工业出版社，
2009.

18.　姚宏宇，田溯宁．云计算，大数据时代的系统工程 [M]．北京：电子工业出
版社，2013.

19.　维克托·迈尔 – 舍恩伯格，肯尼斯·库克耶．大数据时代：生活、工作与
思维的大变革 [M]．周涛，译．杭州：浙江人民出版社，2012.

20.　伊尔，王满红．SOA 概念、技术与设计 [M]．北京：科学出版社，2012.

21.　任伟．物联网安全 [M]．北京：清华大学出版社，2012.

22.　Efraim Turban，Ramesh Sharda，Dursun Delen，等．商务智能：管理视角 [M].
奉秋莉，姚家弈，王英，译．北京：机械工业出版社，2012.

23.　Jiawei Han, Micheline Kamber. 数据挖掘概念与技术 [M]．范明，孟小峰，
译．北京：机械工业出版社，2012.

24.　Michael Negnevitsky. 人工智能：智能系统指南 [M]．顾力栩，译．北京：机
械工业出版社，2012.